주식시장은 물처럼 흘러가기 마련입니다
가장 중요한 것은 건강을 챙기는 것에 있습니다
식사 꼭 챙겨 드시고 기운 잃지 마시기 바랍니다
감사 합니다

황 족

황욱

2021. 06

주식 초보자를 위한 재미있는

주식 어휘 사전

Stock Market
EBITDA
Revenue

황족 지음

메이트북스

메이트북스 우리는 책이 독자를 위한 것임을 잊지 않는다.
우리는 독자의 꿈을 사랑하고,
그 꿈이 실현될 수 있는 도구를 세상에 내놓는다.

주식 초보자를 위한 재미있는 주식어휘사전

초판 1쇄 발행 2021년 7월 1일 | **초판 7쇄 발행** 2021년 7월 10일 | **지은이** 황족

펴낸곳 ㈜원앤원콘텐츠그룹 | **펴낸이** 강현규 · 정영훈

책임편집 유지윤 | **편집** 안정연 · 오희라 | **디자인** 최정아

마케팅 김형진 · 이강희 · 차승환 · 김예인 | **경영지원** 최향숙 · 이혜지 | **홍보** 이선미 · 정채훈

등록번호 제301-2006-001호 | **등록일자** 2013년 5월 24일

주소 04607 서울시 중구 다산로 139 랜더스빌딩 5층 | **전화** (02)2234-7117

팩스 (02)2234-1086 | **홈페이지** blog.naver.com/1n1media | **이메일** khg0109@hanmail.net

값 17,000원 | **ISBN** 979-11-6002-336-7 03320

아는 것을 안다고 하고,
모르는 것을 모른다고 하는 것이 진정한 앎이다.

• 공자(중국의 사상가)

주식 공부의 시작은 어휘와 친해지기!

'초심자의 행운'이라는 말이 있습니다. 처음에 주식투자를 할 때 제대로 된 투자 방식을 통해서가 아니라 단순히 운으로 수익을 얻는 경우를 의미합니다. 저 역시 그런 경험을 했었고 '주식이란 이런 것이구나'라는 착각을 했던 시절이 있었습니다. 주식투자를 투자가 아닌 투기로 보고 있었던 것이지요.

그런데 왜 많은 투자자분들이 초심자의 행운을 경험하고, 주식투자를 투기라고 생각하며, 잘못된 투자를 하게 되는 걸까요? 저는 기초를 알려주는 사람이 없어서라고 생각합니다. 최소한의 지식이 필요하다는 이야기입니다.

이 책은 최소한 이 정도의 기초 지식은 알고 투자해야 한다는 생각을 바탕으로 집필되었습니다.

직장에서 일하거나 취미 생활을 즐길 때, 이러한 방향으로 나아가면 된다고 알려주는 정보들이 있습니다. 요리라면 레시피가 있고, 게임이라면 공략집이 있습니다. 주식투자에도 이 같은 정보들이 무수히 많이 존재하지만, 접근성이 떨어집니다.

알고 싶어도 직접 검색해야 하고, 책을 찾아보고 경험을 하지 않으면 알기 어려운 환경입니다. 처음에 계좌를 만들고 첫 투자를 할 때도 친절히 알려주는 이 하나 없습니다. 그러다 보니 유튜브에서 검색하고 커뮤니티에 접속해서 사람들에게 물어보거나 직접 책을 구매해 공부하는 것입니다.

하지만 검증되지 않은 정보들이 넘쳐나고, 정말 필요한 지식을 쌓아야 하는데 자극적인 내용에 눈이 멀어 나도 모르게 바람직하지 못한 투자 습관을 길들이게 됩니다. 그것은 주식투자에 있어서 나쁜 버릇이 되고, 적응하면 나중에 고치기 정말 어려워집니다.

2020년 코로나19 사태 이후 주식시장에 큰 폭풍이 몰아치고 이후 강한 상승이 나오면서 많은 초보자분들이 진입을 했습니다. 당시에 투자 성공률은 역사적으로 비교했을 때 굉장히 높았던 시절입니다. 그러다 보니 너도 나도 모두가 주식투자를 하기 시작했고, 주식계좌가 역대급으로 만들어지기 시작했으며, 하나의 사회적 유행이 되었습니다.

이때 코스피 주가지수도 최대 87%의 상승이 있었습니다. 하지만 이렇게 좋은 시기였음에도 주식투자자의 평균 수익률은 전체 평균으로 계산하면 2% 후반대로 전년 대비 약 3% 상승률에 그칩니다.

주식시장이 좋든 나쁘든 투자를 제대로 이해하고 최소한의 지식을 가지고 있어야 원하는 수익률에 도달할 수 있으며, 성취를 얻어낼 수 있습니다. 그러기 위해선 공부를 해야 하는데 어떤 것부터 공부해야 하는지 모르는 분들이 대다수입니다. 그런 분들을 위해서 성실히 집필한 것이 바로 이 책입니다.

어휘를 알면 기법을 이해할 수 있고, 주식투자가 어떻게 진행되는지 개념을 알아갈 수 있습니다. 우리가 어떤 일을 하든지 개념을 이해해야 제대로 해낼 수 있듯이 주식의 개념을 공부하려면 기본적으로 어휘를 알고 있어야 합니다.

시장에서 쓰이는 말이나 어휘뿐만 아니라 여러분들이 많이 궁금해했을 차트와 관련된 부분들, 투자를 하면서 꼭 알고 있어야 하는 기초 지식 등을 모두 포함시켰습니다. 주식 공부에는 끝이 없고 계속 노력해야 하는데, 기초 지식과 바람직한 개념이 평생 밑바탕이 되어줍니다. 주린이라면 더더욱 올바른 개념을 가지고 있어야 합니다. 이 책이 '주식 초보자를 위한 입문서'의 역할을 하면서 나아가 바람직한 투자로 나아갈 수 있는 투자의 지표가 되었으면 하는 바람입니다.

이 책이 주식을 하는 모든 투자자분들에게 가치 있는 밑바탕이 되었으면 하고, 투자 승률을 올리는 가장 도움이 되는 책으로 읽혔으면 좋겠습니다. 주식투자가 때론 어렵고 지치는 일이지만 항상 돌파구가 존재합니다. 이겨낼 수 있는 길이 있고, 문이 열려 있습니다. 이를 찾을 수 있는 실력을 겸비하고 찾는 과정을 버틸 수 있는 멘탈을 다지는 데 큰 도움을 드리는 책이 되면 좋겠습니다.

황 족

『주식 초보자를 위한 재미있는 주식어휘사전』 활용법

1

알쏭달쏭 주식어휘에 대한 친절한 핵심 설명을 읽는다.

황족의 심화해설 강의 영상!

◎ 캔들 [강의 1]

캔들은 주식 차트에서 설정할 수 있는 캔들 차트 표시를 의미하며, 양초 모양을 닮았습니다. 일본에서 쌀의 가격 변동을 예측하기 위해 쓰이던 것에서 유래되었다고 합니다. 선으로 표시되는 선차트에 비해 보기가 간편해서 많은 투자자들이 즐겨 사용합니다.

◎ 봉

봉은 캔들을 의미하며, 봉차트에서 확인할 수 있습니다. 표시 방식은 일봉, 주봉, 월봉, 년봉, 분봉으로 나누어집니다. 봉 하나를 기준으로 일봉은 하루 동안의 변동, 주봉은 일주일 동안의 변동, 월봉은 한 달 동안의 변동, 년봉은 일 년 동안의 변동, 분봉은 지정한 분 동안의 변동을 표시합니다. 분봉은 증권사에서 설정할 수 있는데 보통 1분봉, 3분봉, 5분봉, 15분봉… 이렇게 많이들 봅니다. 봉은 특정 기간 동안의 주가 변동을 체크하는 데 쓰입니다.

2

큐알코드가 있는 용어는 휴대전화로 반드시 스캔해서 저자의 심화해설을 듣는다.

◎ 양봉과 음봉

빨간색 캔들이 양봉이며, 파란색 캔들이 음봉입니다. 이때 길이가 길면 장대 양봉, 장대 음봉이라고 부릅니다. 양봉 캔들은 시가보다 종가가 높아야 나타나고, 음봉 캔들은 시가보다 종가가 낮을 때 나타납니다.

양봉이 많을수록 매수세가 유지되고 있다는 의미이며, 반대로 음봉이 많다면 매도세가 이어지고 있다는 의미입니다. 이런 심리는 필요한 만큼 지속하다가 전환이 될 때가 있는데 그 순간을 잘 포착하면 최상의 매매를 할 수 있습니다. 음봉이 많을 때 관찰해보면 좋습니다.

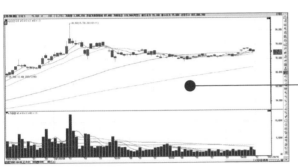

3

차트 등 다양한 이미지들을
보며 생생한 실전 팁을
챙긴다.

차트 크기를 자유롭게 조절할 수 있습니다. 주가 움직임을 넓게 관찰할 때 효율적입니다. 일봉뿐만 아니라 분봉, 주봉 등으로도 설정 가능합니다.

복습 문제
005

다음 차트에서 양봉과 음봉의 개수를 세어 적어보고 양봉이 많을 때와 음봉이 많을 때
주가의 움직임이 어떤지 확인하고 서술하세요.

4

엄선한 복습 문제를
풀어보며 나의 실력을
높인다.

기대평

황족님과 함께한 모든 날이 좋았습니다. 주식 초보에게 든든한 버팀목이 되어준 황족님. 고(점)추(격) 매수 금지를 깨닫게 해준 그가 집필한 책이라니, 이 책으로 주식 입문하는 분들이 그저 부러울 뿐입니다. 좀더 빨리 만났더라면 좀더 많이 벌었을 텐데….

김나영(전업주부, 30대)

어린이는 국어사전. 영린이는 영어사전. 주린이는 주식사전~. 저는 주식사전이 필요한 주린이랍니다^^ 책 내용이 너무너무 기대가 됩니다.♡♡

이경숙(교사, 40대)

저처럼 이제 막 주식을 시작한 주생아들과 아직도 주식 차트를 보며 어려워하는 주린이들을 위해서 꼭 필요한 백과사전이 아닌가 싶습니다. 추천주만 듣고 사는 초보자들도 이 책으로 함께 공부해서 스스로 멋진 투자를 해봅시다.

김수희(주부, 30대)

테마주에 빠져 −30% 손실을 겪고 좌절하던 때에 황족님을 알게 되어 원금 다 회복했습니다. 처음으로 정독할 수 있는 주식 관련 책이 나온 것 같습니다. 축하드립니다!!

김은미(연구원, 30대)

주식을 처음 할 땐 카톡의 무료 리딩방을 믿고 매수했는데 손실도 많았습니다. 하지만 〈거북이 투자법〉 카페에서 황족님을 만나고 주식 공부를 즐겁게 합니다. 늘 좋은 방송, 좋은 글 감사합니다.

김재현(자영업, 30대)

황족님을 통해 주식을 보는 기본을 배웠고, 느리지만 천천히 저만의 주식투자 길을 걷게 되었습니다. 다시 한 번 황족님의 책을 통해 제 길을 더 가다듬을 수 있길 바라봅니다.^^

고영민(공공기관, 30대)

아이들 간식비 정도만 벌어보자 하는 마음에 주식 시작한 지 이제 3개월 된, 상개미주린이입니다.^^;; 매일 밤 육퇴 후 보는 황족님 방송 덕에 매달 소소하지만 수익이 늘어나고 있습니다! 감사 인사와 함께 책 출간 축하인사도 드립니다.^^

이미희(주부, 40대)

월급만으로는 노후 대비하기 힘든 요즘 시대에 자산을 불려나가려는 사람들이 깡통 차지 않도록 이끌어주는 길라잡이 느낌입니다. 뭐부터 공부해야 할지 막막할 때 도움을 주었던 황족님이 쓴 책이라니 옆에 두고 항상 펼쳐보는 탄탄한 기본서가 될 것 같습니다!!!

이지은(공공기관, 30대)

매일매일 퇴근 후 라이브를 함께하며 주식에 대한 지식을 조금씩 늘려가고 있습니다. 그런 황족님이 책을 내신다니 정말정말 기대됩니다. 주린이 인생인 저도 꼭 정독해서 깡통차지 않겠습니다. 황족님 화이팅!

이현진(회사원, 30대)

매일의 시황과 스킬을 주식 초보자의 시각으로 쉽게 설명해주시고, 장 흐름이 어려웠던 날에는 저녁에 황족님의 '라방'으로 멘탈을 부여잡을 수 있었고, 장이 좋았던 날에는 경쾌한 목소리를 들으며 하루를 마무리해오고 있습니다.

송민희(주부, 40대)

황족님의 친절한 설명으로 적은 금액이지만 매주 수익을 보고 있습니다. 여러분도 할 수 있습니다. 이 책을 읽고 다들 주식 초보에서 벗어나길 바라는 마음입니다!

김동희(사무업, 20대)

매일매일 황족님의 방송을 보면서 차트 보는 방법부터 매수와 매도하는 방법, 분봉을 보며 단타 치는 방법, 시간외 거래하는 방법 등등 정말 주옥같은 가르침 너무 좋습니다. 그런 와중에 이렇게 책까지 내주시다니! 책 보면서 또 기초를 다지며 열심히 황족님과 함께할게요~~!

연은선(의료직, 30대)

경험이란 자산을 아낌없이 나눠주시는 황족님. 주린이들에게 없어서는 안 될 백과사전 같은 필수템이 될 것 같습니다. 출간 진심으로 축하드립니다. 이 책을 보고 있는 주린이 분들 또한 축하드립니다. 주식에 임하는 자세가 분명 달라질 것입니다.

조아연(30대)

주식 시작한 1월부터 밤잠 줄여가며(애가 늦게 자서요ㅠ) 방송 놓치지 않고 매일 보고 있는데 책 출간을 하시다니 너무 축하드립니다. 방송에서 늘 쉽게 얘기해주시고 정보도 많이 주셔서 주식 공부에 도움이 많이 되고 있는데 책으로도 볼 수 있다니 너무 좋습니다.

원지혜(주부, 40대)

황족님의 〈거북이 투자법〉 카페 게시글과 유튜브 시청을 하면서 주식에 대해 많은 걸 알게 되었습니다. 책으로 또 배울 수 있다니 너무 기대됩니다.^^

한상훈(직장인, 30대)

주식에 첫 입문하고서 많은 도움을 받았습니다. 지금도 여전히 아낌없이 공부할 수 있도록 지원해주셔서 너무 감사합니다. 공부하신 걸 이렇게 무료로 나누어주기가 쉽지 않았을 텐데요. 항상 감사하고 앞으로도 승승장구하시길 바랍니다.

안은진(주부, 30대)

CONTENTS

1장 주식 초보자라면 꼭 알아야 하는 기초어휘

기본 중의 기본 용어

주식 초보자 전용 사용설명서

주식 초보자를 위한 초급 어휘

실전투자를 위한 중급 어휘

실전투자를 위한 고급 어휘

2장　실전투자에서는 어떤 말들이 사용될까?

차트와 관련된 어휘

보조지표의 종류

매매와 관련된 어휘

실전투자에서의 소통 어휘

3장 주식을 분석할 때 쓰이는 용어와 시황용어

주식을 분석할 때 사용되는 어휘들

시황을 읽을 때 쓰이는 어휘들

4장 아는 사람만 아는 주식세계의 은어

알고 있으면 재미있는 어휘들

주식어휘의 탄생과 배경

5장 문장으로 된 주식의 격언

주식투자의 역사가 담겨 있는 문장들

6장   실전에서 자주 쓰이는 주식어휘 BEST!

필수적으로 알고 있어야 하는 어휘들

7장   나만의 특별한 주식어휘사전 만들기

황족만의 주식어휘사전

황족의 심화해설 강의 영상 차례

주식어휘에 대한 심층적이고 입체적인 설명을 동영상으로 제작했습니다.
황족의 친절한 심화해설 강의 영상을 놓치지 말고 꼭 확인하세요!

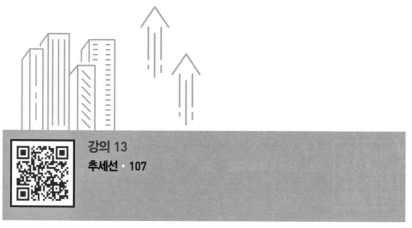

주식투자를 할 때 꼭 알고 있어야 하는 필수 용어들을 모두 넣었고 동시에 차트나 주식 공부를 할 때 헷갈리기 쉬운 부분들 또한 상세히 설명했습니다. '주린이'라는 단어부터 '공개매수'라는 단어까지, 쉽게 접할 수 있는 어휘는 물론 잘 모르는 어휘들을 쉽게 풀었습니다. 1장은 주식을 처음 접하는 이들이 꼭 알아야 할 기초어휘들을 담았습니다.

1

주식 초보자라면
꼭 알아야 하는 기초어휘

기본 중의
기본 용어

STOCK INVESTMENT
IS INTERESTING!

주식투자를 하다 보면 다양한 말들을 접합니다. 단어만 봐도 의미를 알 수 있는 쉬운 어휘들도 있고, 아무리 생각해봐도 무슨 말인지 모르겠다는 말들도 많습니다. '첫 단추를 잘 꿰어야 일이 순조롭게 진행된다'는 말이 있듯이 주식용어도 마찬가지입니다. 실전투자를 하며 접했던 단어들은 잠시 내려놓고 처음부터 제대로 알아가는 것이 중요합니다.

생소한 말들도 있고, 익숙한 단어들도 있을 것입니다. 새로 알게 되는 말이 있다면 어떤 상황에서 쓰일 수 있는지 생각하면 좋습니다. 기존에 알고 있었던 어휘라면 내가 그동안 활용을 잘하고 있었는지 검토해보고 주식투자에 도움이 되는 방향으로 응용해보기 바랍니다.

◎ 투자자

주식에 투자하는 사람들을 부르는 말로는 무엇이 있을까요? 기본적으로 투자자라고 부릅니다. 투자를 하는 사람이란 뜻을 가지고 있지요. 하지만 실전 투자에선 다르게 부르는 경우가 더 많습니다.

◎ 주린이

주린이는 '주식을 시작한 어린이'라는 뜻을 가진 줄임말입니다. 자신을 낮추어 부르거나 주식시장에 갓 들어온 입문자들을 부를 때 쓰입니다. 그밖에도 주식과 신생아를 합친 '주생아', 주식과 태아를 합친 '주태아', 주식과 세포를 합친 '주세포'가 있습니다. 재미있는 사실은 이 말은 초보자들에게만 부여되고 있어 어른을 합쳐 '주른이'란 말로는 쓰이지 않는다는 것입니다. 주린이는 기본적으로 투자를 시작한 지 얼마 되지 않은 투자자들을 부를 때 쓰이는 어휘란 것을 알 수 있습니다.

◎ 매매

매매란 주식 거래를 의미합니다. 매수는 주식을 사는 것이고, 매도는 주식을 파는 것입니다.

◎ 주식

주식회사의 자본을 구성하는 단위를 주식이라 부릅니다. 쉽게 말하면 하나의 회사가 있고 그 기업의 지분을 주식이라는 체계를 통해 사람과 사람이 서로 나누어 가진다는 의미로 해석하면 되겠습니다. 즉 주식투자라고 하면 단순히 얼마를 투자해서 얼마를 벌거나 잃는다는 개념으로 끝나는 것이 아니라 기업의 자산을 일부 가지고 있고 기업의 성장을 함께 공유하는 주주라는 방향으로 전개가 됩니다. 여기서 말하는 주주란 주식을 가지고 있는 사람을 의미합니다. 예를 들어 삼성전자 주식을 가지고 있다면 삼성전자 주주라고 부릅니다.

◎종목

종목은 주식에서 매매가 가능한 항목을 의미합니다. 삼성전자나 현대차 또한 종목이라 불립니다. 거래할 수 있는 주식 항목을 종목이라 부른다고 이해하면 되겠습니다. 우리가 대화중에 "너 어떤 종목을 매수했니?" "나는 삼성

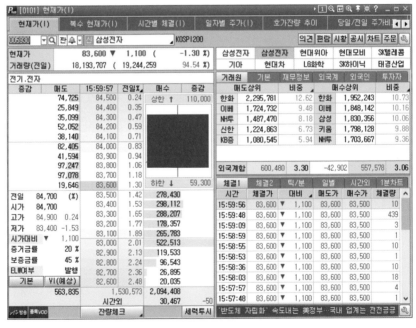

삼성전자의 현재가 창입니다. 증권사별로 약간의 차이는 있지만 현재가 창에서 매매 주문은 물론이고 재무정보와 호가창, 체결 내역 등을 손쉽게 확인할 수 있습니다.

전자를 매수했어"라고 말할 수 있는데 어휘상으론 주식과 종목을 같은 의미로 쓰기도 합니다.

✅ 주식 거래

주식투자를 하기에 앞서 기본적으로 주식 거래에 대한 개념이 필요합니다. 주식 거래를 진행하면 기본적으로 영업일 기준으로 3일째 되는 날에 거래가 완료됩니다. 하지만 그렇다고 해서 거래한 종목이 3일 이후에 들어오는 것은 아닙니다. 즉 거래를 진행하면 종목은 먼저 체결되지만 금액에 대한 정산은 3일 이후에 처리됩니다. 그런 연유로 주식을 사고파는 과정에서 출금이 불가능한 돈이 생깁니다. 그러한 돈은 '영업일 D+2일' 이후에 이체가 가능합니다.

✅ 주

'주'란 주식을 보유하고 있는 개수를 의미합니다. 예를 들어 삼성전자라는 종목을 100개 거래했다면 '100주를 거래했다'고 말하며, '100주를 보유하고 있다'고 표현합니다. 편하게 '주식 개수'의 개념으로 생각하면 됩니다.

✅ 시세

시세는 물가와 똑같습니다. 시세란 특정 종목의 일정한 시기의 가격을 의미합니다. 마트에서 양파가 얼마고 피망이 얼마고 시세를 보듯이, 주식 또한 마찬가지로 '시세가 좋다', '시세가 나쁘다', '시세가 올라갔다', '시세가 내려갔다' 등으로 말합니다. 즉 시세란 일정한 시기의 가격입니다.

✔주가

주가는 주식의 가격을 의미합니다.

✔～ 흐른다

흔히 '주가가 흐른다', '시세가 흐른다' 등으로 표현합니다. 여기서 흐른다는 말은 물이 아래로 흐르는 것을 빗대어 주식의 시세가 하락하고 있을 때나 상황이 좋지 않을 때 쓰입니다.

✔증시

증권 시세를 줄여서 증시라고 부릅니다. 국내 증시라고 하면 코스피와 코스닥이 있습니다. 흔히 '증시가 좋다'고 표현하면 주식의 시세가 순탄하게 오르고 있다는 의미로 받아들여지며, '증시가 나쁘다'고 표현하면 주식의 시세가 하락하고 있다는 의미로 해석합니다. 앞서 소개한 '흐른다'는 표현과 이

거래소 시장별 동향에선 개인·기관 등의 매수·매도·순매수 내역과 코스피, 선물, 옵션 등 매매 내역을 체크할 수 있습니다.

날짜	지수	전일대비	등락률	외국인	개인	기관종합	금융투자	투신	사모	은행	보험	기타금융	연기금등	국가지방	기타
2021/04/09	989.39 ▲	7.37	0.75	55,110	-18,718	-36,598	-27,062	8,424	9,737	-2,962	4,881	-15,377	-14,239	0	207
2021/04/08	982.02 ▲	8.80	0.90	-5,068	41,409	-14,330	19,677	-3,019	-16,661	567	2,377	-2,793	-14,478	0	-22,011
2021/04/07	973.22 ▲	4.59	0.47	52,758	-63,509	8,566	12,656	3,913	-2,050	-90	-2,417	-9,483	6,036	0	2,184
2021/04/06	968.63 ▼	1.14	-0.12	-156,249	208,007	-13,568	1,001	1,859	-27,537	-915	5,181	-5,434	12,279	0	-38,191
2021/04/05	969.77 ▼	0.32	-0.03	7,660	5,654	-4,426	-20,508	-2,434	885	604	7,958	-58	9,128	0	-8,888
2021/04/02	970.09 ▲	4.31	0.45	-11,907	27,662	5,003	-8,856	27,042	-13,861	731	2,779	-478	-2,354	0	-20,758
2021/03/31	965.78 ▲	9.61	1.01	136,525	-146,106	20,277	22,147	10,965	-18,798	-441	6,399	-2,365	2,371	0	-10,695
2021/03/31	956.17 ▲	1.89	-0.20	-75,217	148,290	-57,899	-35,149	-7,293	-6,960	726	-7,381	-4,712	2,870	0	-15,174
2021/03/30	958.06 ▲	3.96	0.42	52,678	-42,903	18,269	18,212	9,685	-14,731	-37	3,848	-964	2,256	0	-28,044
2021/03/29	954.10 ▼	2.60	-0.27	-36,612	71,749	-17,248	-21,360	11,638	-5,047	686	9,365	-1,782	-10,748	0	-17,889
2021/03/26	956.70 ▲	1.71	0.18	-88,315	140,692	-42,880	-12,572	-6,222	-9,684	-1,433	-701	-3,958	-8,310	0	-9,496
2021/03/25	954.99 ▲	1.17	0.12	-90,359	53,853	42,423	-6,650	35,830	-5,101	412	10,004	-2,871	10,798	0	-5,916
2021/03/24	953.82 ▲	7.51	0.79	85,432	-151,250	86,094	11,264	38,977	7,074	-2,228	8,724	-7,034	29,318	0	-20,276
2021/03/23	946.31 ▼	9.07	-0.95	-48,078	108,616	-34,827	-19,934	-4,886	-26,861	-466	9,714	-5,100	12,705	0	-25,711
2021/03/22	955.38 ▲	3.27	0.34	-100,526	52,344	44,242	30,264	-4,701	-6,283	689	-1,090	-859	26,222	0	3,940
2021/03/19	952.11 ▲	2.28	0.24	86,226	-51,966	-33,923	-44,466	10,417	-2,096	482	4,764	-4,758	1,735	0	-337
2021/03/18	949.83 ▲	6.05	0.64	-1,345	-41,166	56,610	25,306	13,937	2,089	-786	83	-1,389	17,369	0	-14,098
2021/03/17	943.78 ▲	3.13	0.33	-51,524	95,889	-27,470	-33,564	-7,947	5,682	-275	6,125	-168	2,678	0	-16,896
2021/03/16	940.65 ▲	13.75	1.48	45,306	-51,904	93,374	56,830	14,999	-894	106	3,604	-7,034	25,763	0	-86,777
2021/03/15	926.90 ▲	1.41	0.15	-73,872	105,686	-25,771	-16,101	2,876	-9,437	-796	-2,299	378	-402	0	-6,043
2021/03/12	925.49 ▲	17.48	1.93	169,149	-179,312	16,391	10,776	2,714	-12,471	212	3,246	-650	12,564	0	-6,227

코스닥 시장별 동향에선 개인·기관 등의 매수·매도·순매수 내역과 코스닥, 선물, 옵션 등 매매 내역을 체크할 수 있습니다.

표현을 합쳐 '증시가 흐르고 있다', '지수가 흐르고 있다' 등으로 응용해서 쓰이기도 합니다.

✔ 코스피와 코스닥

코스피는 거래소라고도 불립니다. 코스닥은 은어로 닭장이라고 불리는데, 코스닥의 유래는 미국의 나스닥입니다. 그런 코스피와 코스닥을 합쳐 국장이라고 표현하는데, 국장이란 '국내 시장'의 줄임말입니다.

✔ 코스피200

코스피200은 코스피를 대표하는 200개 종목의 시가총액을 주가지수로 표현한 것입니다. 코스피200 지수가 따로 있는데, 우리나라에서 시총이 가장 높은 상위 200개 기업의 전반적인 흐름을 파악할 때 좋습니다. 예를 들어 코스닥 지수는 전반적으로 괜찮은 모습을 보여주고 있고 코스피의 흐름도 걱정

순위	종목명	종목코드	현재가	전일대비	등락률(%)	거래량	상장주식수	시가총액(억)▼	시가총액비율
1	삼성전자	005930	83,600 ▼ 1,100	-1.30	18,193,707	5,969,782,550	4,990,738	18.81
2	SK하이닉스	000660	140,000 ▼ 4,000	-2.78	3,276,077	728,002,365	1,019,203	3.84
3	NAVER	035420	383,500 ▲ 2,000	0.52	469,100	164,263,395	629,950	2.37
4	삼성전자우	005935	75,000 ▼ 200	-0.27	1,595,154	822,886,700	617,165	2.33
5	LG화학	051910	812,000 ▲ 2,000	0.25	376,621	70,592,343	573,210	2.16
6	삼성바이오로직스	207940	770,000 ▲ 7,000	0.92	50,421	66,165,000	509,471	1.92
7	카카오	035720	558,000 ▲ 10,000	1.82	788,839	88,761,861	495,291	1.87
8	현대차	005380	228,500 ▼ 3,000	-1.30	726,250	213,668,187	488,232	1.84
9	삼성SDI	006400	663,000 ▲ 6,000	0.91	327,636	68,764,530	455,909	1.72
10	셀트리온	068270	309,500 ▼ 2,000	-0.64	347,094	135,027,731	417,911	1.58
11	기아	000270	84,600 ▼ 2,500	-2.87	2,976,956	405,363,347	342,937	1.29
12	현대모비스	012330	305,500 ▼ 12,000	-3.78	595,420	94,793,094	289,593	1.09
13	POSCO	005490	328,000 ▼ 3,500	-1.06	256,857	87,186,835	285,973	1.08
14	LG전자	066570	158,500 ▲ 2,000	1.28	1,764,047	163,647,814	259,382	0.98
15	LG생활건강	051900	1,566,000 ▼ 19,000	-1.20	14,083	15,618,197	244,581	0.92
16	삼성물산	028260	129,000 ▲ 500	0.39	364,734	186,887,081	241,084	0.91
17	SK텔레콤	017670	276,500 ▼ 3,500	-1.25	331,822	80,745,711	223,262	0.84
18	SK이노베이션	096770	238,000 ▼ 5,500	-2.26	848,650	92,465,564	220,068	0.83
19	KB금융	105560	52,600 ▼ 200	-0.38	1,013,836	415,807,920	218,715	0.82
20	SK	034730	293,000 ▲ 14,000	5.02	694,443	70,360,297	206,156	0.78

시가총액 상위 기업을 손쉽게 확인할 수 있습니다. 상장주식수는 물론이고 시가총액비율과 거래량 등도 볼 수 있어 투자 시에 참고하기 좋습니다.

없는데 유독 코스피200의 흐름이 나쁘다면, 시총 상위 기업들의 움직임이 나쁘다고 생각할 수 있습니다. 우리나라 증시는 시총 상위 기업들의 영향을 꽤 받는 편이기 때문에 한 번씩 코스피200 지수를 체크하면 좋습니다.

❷ 코스닥150

과거엔 코스닥50으로 코스닥 시장에서 규모가 큰 순서로 1부터 50까지 보았습니다. 지금은 상장된 종목이 많아져 코스닥150으로 보는데, 코스닥의 상위 150종목을 의미합니다.

시가 총액을 기준으로 편입이 되기도 하고 미편입이 되기도 합니다. 코스피200과 마찬가지로 지수 상황에 따라 한 번씩 체크하면 좋습니다.

◎ 지수

지수란 코스피와 코스닥에 상장된 종목들의 주식 가격을 종합적으로 표시한 수치를 의미합니다. 코스피 지수(거래소 지수), 코스닥 지수 등으로 표현합니다. 코스피3000 지수라고 하면 3000만큼의 수치가 코스피에 상장된 종목들의 주식 가격을 종합적으로 계산해 표현한 것입니다. 이러한 지수가 전반적으로 하락하면 상장한 종목들의 주식 가격의 평균값이 하락하고 있다는 의미입니다.

◎ 종합주가지수

종합주가지수란 코스피 지수를 의미합니다. 증권시장에서 1980년 1월 4일을 기준시점으로 주가기준을 100으로 계산해 지수를 표현합니다. 코스피는 '(비교시점의 시가총액÷기준시점의 시가총액)×100'으로 계산되어 지수로 나타냅니다.

◎ 코스닥종합지수

코스닥종합지수란 시가총액을 계산한 지수입니다. 코스닥 종합지수는 1996년 7월 1일 당시에 기준지수를 100으로 했으나 이후 2004년 1월 26일부터 1000으로 상향 조정해 계산됩니다. '(비교시점의 시가총액÷기준시점의 시가총액)×1000'으로 계산합니다.

◎ 시장

거래가 이루어지는 곳을 주식에서 시장이라고 부릅니다. 주식이나 증권이라는 말 대신 시장이라고 부르는 경우가 많습니다. '시장이 좋다'는 말은 주식투자가 괜찮은 날을 의미하며, 반대로 '시장이 나쁘다'는 말은 주식투자에 주의가 필요하다는 뜻입니다.

⊙ 국장과 미장
- -
국장이란 국내 시장의 줄임말이며, 미장이란 미국 시장의 줄임말입니다.

⊙ 매매주체
- -
매매주체란 주식투자를 하는 투자 주체를 의미합니다. 다양한 투자자들이 있는데 이를 구체적으로 분류하면 다음과 같습니다.

개인	국내에서 주식 계좌를 개설해 투자하고 있는 개인투자자
외인	외국 국적의 법인, 외국계 금융회사, 헤지펀드 등 외국 투자자
기관	일반이나 법인 출처의 대규모 자금을 운용하는 법인 투자 기관·연기금, 금융투자, 투자신탁, 기타법인, 기타금융 등을 모두 통틀어 말함
연기금	국민연금, 공무원연기금, 사학연금, 우체국 보험기금, 공제회기금 등
금융투자(금투)	증권사의 투자자문사, 트레이딩 부서 등의 투자 자금
투자신탁(일반)	펀드매니저, 자산운용사의 펀드 자금
투자신탁(사모)	사모펀드 : 49인 이하의 인원으로 1억원 이상의 투자금을 가진 비공개 투자 펀드
기타법인(기법)	자사주 매입, 금융기관이나 공공기관을 제외한 기타 기관. 예를 들어 삼성전자에서 현대차의 주식을 매입하면 기타법인으로 표시됨
기타금융(기금)	기타법인 금융기관(새마을금고 등)
보험	보험금 투자 자금
은행	은행 예금 투자 자금
국가지방	기타법인 중 공공기관과 국가 지자체, 국제기구 등

매매를 하는 투자자들에 의해 주식의 가격이 변동됩니다. 이때 주식의 가격이 변하면
해당 기업의 시가총액 역시 변화할까요? (◎/✕)

◎ 개미의 종류

개미는 국내에서 주식투자를 하는 개인투자자를 의미합니다. 투자 성향이나
자본금, 실력 등에 따라 다음처럼 분류합니다.

개미	개인투자자
불개미	공격적인 투자를 하는 개인투자자
왕개미	많은 수익을 벌어들일 가능성이 높은 개인투자자
동학개미	동학농민운동을 빗대어 적극적인 투자로 지수 방어에 기여한 개인투자자
서학개미	해외 주식을 투자하는 개인투자자
슈퍼개미	투자 자산 규모가 수십억에서 수백억 이상에 이르는 개인투자자. 다른 말로 큰손이라고 표현하기도 함
스마트개미	투자 수익률이 훌륭한 똑똑한 개인투자자
심약개미	두려운 감정을 이기지 못하고 비계획적으로 매도를 하는 개인투자자
단타개미	단기 투자를 하는 개인투자자
진성개미	기업에 대한 올곧은 믿음을 가진 개인투자자

◎ 비중

비중이란 투자 자금을 기준으로 종목을 보유하고 있는 비율을 의미합니다.
예를 들어 총 1억원의 투자금으로 삼성전자를 3천만원어치 매수하고, 현대

차를 7천만원어치 매수했다면 '삼성전자에 30%의 비중으로, 현대차에 70%의 비중으로 투자했다'고 표현합니다.

⊘ 평단가

평단가는 보유중인 주식의 평균 매수 단가를 의미합니다. 처음 매수할 땐 매수한 가격대가 평단가가 됩니다. 평단가 계산 방법은 '(매수 단가×주식수)/전체 주식수'입니다. 이후에 매수를 반복한 경우 '(n차 매수 단가×주식수)+(n차 매수 단가×주식수)/전체 주식수'로 계산하면 됩니다. 직접 계산하기엔 다소 복잡할 수 있으므로 평단가 계산기 프로그램(어플리케이션)을 활용하는 것이 편합니다.

⊘ 잔량

잔량은 주식을 팔고 남은 개수를 표현하거나 호가에 걸려 있는 매수물량·매도물량의 개수를 표현할 때 사용하는 말입니다. 예를 들어 처음에 100주를 가지고 있었고 이후에 30주를 팔았다면, 남은 잔량은 70주입니다. 이후 '잔량 처리', '잔량 매매' 등으로 표현합니다.

⊘ 정규장

오전 9시부터 오후 3시 30분까지 열리는 시장이 정규장입니다. 이런 정규장 외에 장 시작 동시호가, 장 마감 동시호가, 장전 시간외 종가, 장후 시간외 종가, 시간외 단일가가 있습니다.

정규시간	주식투자가 가능한 시간으로 오전 9시부터 오후 3시 30분까지 진행됨
장 시작 동시호가	오전 8시 30분부터 오전 9시까지 진행됨
장 마감 동시호가	오후 3시 20분부터 오후 3시 30분까지 진행됨
장전 시간외 종가	오전 8시 30분부터 오전 8시 40분까지 전일 종가로 진행됨
장후 시간외 종가	오후 3시 40분부터 오후 4시까지 당일 종가로 진행됨
시간외 단일가	오후 4시부터 오후 6시까지 10분 단위로 당일 종가대비 ±10% 가격으로 진행됨

◎ 동시호가

동시호가란 거래 주문을 일정 시간까지 모으고 이후에 정해진 시간에 체결을 시키는 거래를 의미합니다. 시장의 안정을 위해 도입된 시스템으로, 실시간 거래가 아닌 일괄 거래이기 때문에 매수와 매도의 물량이 합쳐져서 표시됩니다. 매수 주문과 매도 주문의 적절 단가에 따라 동시호가 시세가 정해집니다. 가격을 비싸게, 많은 물량의 매수 주문을 보낸 투자자가 우선 체결됩니다. 그러므로 동시호가 때 꼭 체결되고 싶다면 시장가로 매매하거나 비싼 가격에 매수를 걸어두면 됩니다.

물량이 부족하면 미체결로 되는데, 장전에 걸어둔 거래는 정규장으로 이월되므로 필요할 경우 주문취소를 해야 합니다. 장후 때 미체결된 거래는 이월되지 않습니다. 장전 동시호가 때 정해진 시세가 당일 시초가로 표시되며, 장후 동시호가 때 정해진 시세가 당일 종가로 표시됩니다.

정규장에서 동시호가 거래를 할 수 있게 만들어둔 고정 시간대는 '오전 8시 40분부터 9시까지'와 '오후 3시 20분부터 3시 30분까지', 이렇게 총 두 차례입니다. 동시호가 거래에서는 단일 호가로 매매가 체결되며, 체결 조건은 매수자는 정해진 체결가와 동일하거나 비싸게, 매도자는 정해진 체결가와 동일하거나 싸게 주문을 걸어둔 투자자들끼리 체결됩니다. 참고로 오전 9시에 체결된 시세가 시초가로 결정되며, 오후 3시 30분에 체결된 시세는 종가로 결정됩니다.

⊘ 시장가 거래

시장가 거래는 가장 가까운 가격을 우선 체결하는 거래 방법입니다. 예를 들어 특정 주식의 100주를 시장가 매수나 시장가 매도로 주문을 내면, 100주만큼의 물량을 살 수 있을 때까지 혹은 팔 수 있을 때까지 일괄 매매가 진행됩니다.

현재가		83,600 ▼	1,100 (		-1.30 %)
거래량(전일)		18,193,707 (	19,244,259		94.54 %)

전기.전자

증감	매도	15:59:57	전일%◢	매수	증감
	74,725	84,500	0.24	상한 ↑	110,000
	25,849	84,400	0.35		
	35,099	84,300	0.47		
	52,052	84,200	0.59		
	38,140	84,100	0.71		
	82,405	84,000	0.83		
	41,594	83,900	0.94		
	97,247	83,800	1.06		
	97,078	83,700	1.18		
	19,646	83,600	1.30	하한 ↓	59,300
전일 84,700 (%)		83,500	1.42	278,430	
시가 84,700		83,400	1.53	298,112	
고가 84,900 0.24		83,300	1.65	288,207	
저가 83,400 -1.53		83,200	1.77	178,357	
시가대비 ▼ 1,100		83,100	1.89	265,783	
증거금률 20 %		83,000	2.01	522,513	
보증금률 45 %		82,900	2.13	119,533	
ELW여부 발행		82,800	2.24	96,543	
기본 VI(예상)		82,700	2.36	26,895	
		82,600	2.48	20,035	
	563,835	1,530,573		2,094,408	
		시간외		30,467	-50

시장가 거래를 할 땐 호가창의 매매 잔량을 반드시 확인해야 합니다.

✔ 주식호가

호가란 1주당 가격 범위를 의미합니다. 주식 거래를 할 때 정해진 가격 범위에 맞추어 매매할 수 있습니다.

1주당 가격 범위	호가 단위
1천원 이상 5천원 미만	5원
5천원 이상 1만원 미만	10원
1만원 이상 5만원 미만	50원
5만원 이상 10만원 미만	100원
10만원 이상 50만원 미만	500원
50만원 이상	1,000원

예를 들어 삼성전자의 경우 현재 주가가 '5만원 이상 10만원 미만'에 해당되므로 1주당 100원 호가단위로 거래할 수 있습니다. 2021년 3월 10일 종가를 기준으로 삼성전자의 주가는 80,900원으로 80,900원, 81,000원, 81,100원, 81,200원… 이러한 규칙으로 시세가 움직이고, 주식 거래가 체결됩니다. 즉 80,950원으론 삼성전자 주식을 거래할 수 없습니다. 이후에 주가가 10만원 이상이 되면 호가단위는 500원으로 올라가고, 5만원 미만으로 내려가면 호가단위가 50원으로 내려갑니다.

✔ 시간외 거래

시간외 거래는 정규장에서 오전 9시부터 오후 3시 30분까지의 시간을 제외하고 별도로 정해진 시간에 가능한 거래 방식입니다. 시간외 거래의 종류는 장전 시간외 종가 거래, 장후 시간외 종가 거래, 시간외 단일가 거래, 이렇게

증감	매도	18:00:20	매수	증감
	217	84,800		
	900	84,700		
	7,012	84,600		
	3,008	84,500		
	2,943	84,400		
	3,042	84,300		
	9,048	84,200		
	11,891	84,100		
	16,530	84,000		
	7,664	83,900		
		83,800	9,469	
		83,700	15,357	
		83,600	23,054	
		83,500	5,573	
		83,400	3,857	
		83,300	724	
		83,200	2,604	
		83,100	817	
		83,000	5,396	
		82,900	165	
26,170	62,255	4,761	67,016	19,136
	563,835	정규장	2,094,408	
		시간외	30,467	-50

정규장 거래와 시간외 거래는 각자 호가창이 달라 매매 잔량이 다릅니다. 최종 거래된 시세로 시간외 가격이 결정됩니다.

총 3가지입니다.

장전 시간외 종가 거래는 오전 8시 30분부터 오전 8시 40분까지 10분간 전일 종가로 거래할 수 있고, 장후 시간외 종가 거래는 오후 3시 40분부터 오후 4시까지 당일 거래 가격으로 거래할 수 있습니다. 거래를 하고자 하는 물량과 투자자가 있어야 체결이 되며, 만약 거래를 시도했지만 체결이 되지 않았다면 매도자가 매수자에 비해 적은 경우입니다. 시간외 단일가 거래는 오후 4시부터 오후 6시까지 종가의 10% 내외에서 10분 간격으로 거래할 수 있습니다. 체결 방식은 동시호가로 진행됩니다.

◎ 단일가 거래

시간외 거래가 아닌 정규장에서도 단일가 거래가 진행될 때가 있는데, 단기 과열 종목으로 지정되거나 VI가 발동되었을 때입니다. 이때도 마찬가지로 동시호가로 진행됩니다. 단기과열 종목으로 지정되면 30분 단위로 체결됩니다.

◎ 상한가와 하한가

전일 종가를 기준으로 당일 하루 동안의 정해진 가격제한폭에서 최대로 상승한 것을 상한가라고 부르며, 정해진 가격폭에서 최대로 내려간 것을 하한가라고 부릅니다.

상한가와 하한가의 가격제한폭은 30%로 정해져 있으며, 한 종목은 그날 하루에는 30%를 초과해서 상승하지 못하고, 또한 30%보다 더 하락하지 않습니다. 시간외 단일가에서도 가격제한폭의 규칙이 적용되어 있어 상한가나 하한가에 도달한 종목은 그 이상 초과해 거래할 수 없습니다.

예를 들어 A라는 종목이 장중에 25%의 상승으로 마감했고, 이후 시간외 단일가에서 거래한다고 가정해보면 하루의 가격제한폭이 30%이기 때문에 A종목은 시간외 단일가에서도 최대 5%까지만 추가 상승이 가능하다는 이야기입니다.

상한가와 하한가는 증시의 안정을 위해 도입된 제도입니다. 우리나라와 달리 미국 주식의 경우에는 정해진 가격제한폭이 없어 수백에서 수천 퍼센트 이상 등락하기도 합니다.

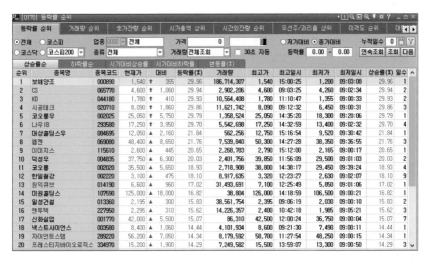

등락률 순위는 장이 끝나고 한 번은 보는 것이 좋습니다. 그날 인기가 좋았던 기업들을 알기 쉽고, 시장의 추세를 읽는 데도 도움이 됩니다.

⊘ VI

VI는 변동성 완화장치(Volatility Interruption)인데, 'VI가 발동됐다'고 표현합니다. VI에는 동적 VI와 정적 VI가 있는데, 동적 VI는 직전 체결가격을 기준으로 코스피는 2~3%, 코스닥은 4~6% 이상 벗어나는 경우 2분간 단일가 매매로 전환하고, 정적 VI는 전일 종가기준 10% 이상 주가 변동 시 2분간 단일가 매매로 전환되는 것을 의미합니다. VI는 주가가 급격하게 변동되는 것을 방지하기 위해 만들어진 방어 시스템입니다.

VI가 발동하면 단일가 거래로 전환되며 동시호가 상태가 됩니다. 이때 발동 중인 시간대에 매수나 매도 주문을 넣으면 VI가 풀렸을 때 결정된 가격으로 거래가 재개됩니다. 꼭 거래하고 싶은 분들은 시장가 매매를 이용하면 가능합니다.

증감	매도	15:59:57	전일%	매수	증감
		현재가 83,600 ▼ 1,100 (-1.30 %)			
		거래량(전일) 18,193,707 (19,244,259 94.54 %)			
		전기.전자			
	74,725	84,500	0.24	상한 ↑	110,000
	25,849	84,400	0.35		
	35,099	84,300	0.47		
	52,052	84,200	0.59		
	38,140	84,100	0.71		
	82,405	84,000	0.83		
	41,594	83,900	0.94		
	97,247	83,800	1.06		
	97,078	83,700	1.18		
	19,646	83,600	1.30	하한 ↓	59,300
전일 84,700 (%)		83,500	1.42	278,430	
시가 84,700		83,400	1.53	298,112	
고가 84,900 0.24		83,300	1.65	288,207	
저가 83,400 -1.53		83,200	1.77	178,357	
시가대비 ▼ 1,100		83,100	1.89	265,783	
증거금률 20 %		83,000	2.01	522,513	
보증금률 45 %		82,900	2.13	119,533	
ELW여부 발행		82,800	2.24	96,543	
기본 | VI(예상)		82,700	2.36	26,895	
		82,600	2.48	20,035	
	563,835	1,530,573		2,094,408	
		시간외		30,467	-50

VI가 발동되면 단일가 매매 시기 동안 접수된 거래 주문에 따라 동시호가 시세가 변동되며, VI가 종료됐을 때 결정된 가격으로 거래가 이어집니다.

⊘ 시가총액

시가총액은 주식시장 전체의 시가총액과 개별종목의 시가총액으로 나뉩니다. 줄여서 시총이라고도 합니다. 주식시장 전체의 시가총액은 상장한 모든 종목의 총주식을 시가로 평가한 금액입니다. 시가총액은 하나의 경제지표로 활용됩니다.

시가총액 산출 방식은 전 상장 종목별로 당일 종가에 상장주식수를 곱한 합계입니다. 개별종목의 시가총액은 해당 종목의 발행주식수와 주가를 곱한 값으로, 회사의 규모를 나타낼 때 사용됩니다. 주가가 변동될 때마다 시총이 변하는 까닭입니다. 정확한 시총을 계산하고 싶다면 장이 마감됐을 때 발행주식수와 종가를 곱하면 됩니다.

거래원	기본	재무정보	외국계	외국인	투자자
거래대금	152,707,883 만	전일대금			162,993,822 만
기준가	84,700	자본금			7,780 억
제한폭	25,350	액면가			100
공매도	34,970	대용가			67,760
우회상장구분	정상	PER/EPS		21.77 /	3,841
호가/매매단위	100 원/ 1 주	상장주식			5,969,782,550
신용잔고	0.14 %	시가총액			4,990,738 억
52주최고	96,800	-13.64 %			2021/01/11
52주최저	47,200	77.12 %			2020/05/13

시가총액뿐만 아니라 거래대금과 신용잔고 등도 볼 수 있습니다. 투자할 때 참고하면 좋은 정보가 모여 있으니 확인하는 습관을 길러보세요.

복습 문제

002

한화에어로스페이스의 2021년 5월 25일 종가는 48,950원입니다. 이것을 기준으로 한화에어로스페이스의 시가총액을 구하는 식과 정답을 적어보세요. 그리고 시가총액을 구해보고 싶은 기업 2개 이상을 임의로 정해서 추가로 계산식을 구해보시기 바랍니다. 시가총액은 기업의 가치를 의미하며 주가 움직임을 분석하고 투자 판단을 내릴 때 중요한 자료가 됩니다.

⊙ 보조지표

보조지표는 투자를 할 때 참고할 수 있는 모든 지표를 의미합니다. 차트나 거래량 등을 보는 기술적 지표와 물가지수나 선물지수 등 경제지표 등이 있습니다. 투자에 도움을 주는 지표들을 모두 보조지표라고 생각하면 되겠습니다.

그밖의 종목을 분석할 때 사용할 수 있는 기본 분석 지표가 존재합니다. 증권사별 HTS, MTS에서 모두 기본 제공하고 있으며 보조지표 검색을 통해 원하는 기술 지표를 활용할 수 있습니다. 거래량이나 개인 순매수 누적 등도 보조지표에 포함되며 이격도, RSI, 엔벨로프 등 역시 보조지표입니다.

처음에는 기본 설정으로 되어 있으므로 나에게 유리한 보조지표를 설정해서 나만의 차트 지표를 만들어야 합니다.

◉ 거래량

거래량은 매매가 완료된 물량을 의미합니다. 종목별 평균 거래량이 존재하는데, 기업에 대한 투자 관심도와 적극성을 확인할 수 있습니다. 평균 거래량이 너무 적으면 매매하는 투자자가 적다는 의미인데, 거래를 하고 싶어도 못하는 경우가 생기기도 합니다.

◉ 거래대금

거래대금은 해당 종목의 시장가격에 거래량을 곱한 값입니다. 거래대금이 높을수록 비싼 가격으로 매매 진행이 된 것입니다. 거래량이나 거래대금이 높을수록 시장의 관심도가 높은 것으로 분석할 수 있습니다.

◉ 시장동향

시장동향은 주식시장의 방향과 움직임을 표현할 때 쓰이는 말입니다.

⊘ 전환사채

전환사채는 일정 기간 경과 이후 소유자의 청구에 의해 주식으로 전환할 수 있는 사채를 의미합니다.

⊘ 공시

공시란 영업이익 발표나 전환사채, 사업내용 등의 기업 내용을 투자자들에게 공개하는 제도를 의미합니다. 투자에 직접적인 영향을 주는 내용이 이에 해당합니다.

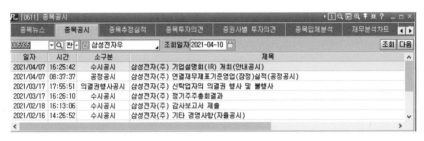

기업과 관련된 뉴스와 주요 공시를 볼 수 있습니다. 지나치면 안 되는 정보가 있을 수 있으니 반드시 확인하는 습관이 필요합니다.

⊘ 주담

주담은 주식담당자 혹은 관계자를 의미합니다. 주담과 이야기를 나눈다는 것은, 보통 전화를 걸어 해당 기업의 주식담당자와 통화를 했다는 것을 의미합니다. 투자하는 과정에서 해당 기업에 궁금한 점이 있거나 확인해야 할 일이 있을 때 주담에게 연락을 하면 해결되는 경우가 많습니다. 어렵게 생각하지 말고 이슈가 있을 때 적극적으로 주담과 소통하는 것이 좋습니다.

주식 초보자 전용 사용설명서

STOCK INVESTMENT
IS INTERESTING!

실전투자를 할 때 기본적인 룰은 알고 있어야 합니다. 카지노에서 게임을 즐기는 꾼들도 필요한 규칙들을 알고 시작하듯이, 투자를 하는 우리들도 주식의 기본 용어를 알고 시작해야 합니다. 주식을 할 때 사용되는 모든 기술의 근원은 말속에 담긴 의미에서 비롯되므로 기본 어휘를 알고 시작하는 것이 매우 중요합니다. 누구나 쉽게 접할 수 있는 말들이지만 가볍게 지나칠 수 있는 주요 어휘들을 여기에 모아보았습니다.

어떨 때 이 어휘가 주로 쓰이는지 생각하며 보는 것이 좋고, 실전에서 자주 써봐야 습득이 빠르므로 생각날 때마다 용어들을 직접 사용해보기 바랍니다. 응용한다는 생각으로 투자 노트를 만들어 일기처럼 쓰는 방법도 좋습니다.

⊘ 1틱

호가창에서 해당 주식의 1호가를 1틱이라고 말합니다. 즉 호가와 틱은 같은 의미라고 보면 됩니다. 예를 들어 '상한가까지 2틱이 남은 상태'라는 말은 2호가 뒤에 상한가가 된다는 소리입니다.

⊘ 매수와 매도

주식을 매매할 때 구매하는 것을 매수라고 말하며, 판매하는 것을 매도라고 말합니다.

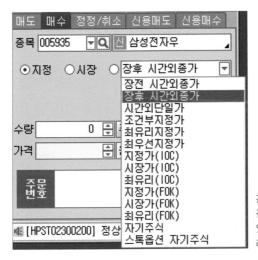

간단한 터치와 입력만으로 원하는 거래를 진행할 수 있습니다. 신용 매매도 따로 되어 있는데 주식 초보자 분들은 가능한 신용 거래를 하지 않는 것이 안전합니다.

풀매수와 풀매도	거래가 가능한 만큼 매매한 것
반매수와 반매도	거래가 가능한 값에서 절반만 매매한 것
완매수와 완매도	매매를 완료한 것

⊘ 익절과 손절

보유하고 있던 주식을 매도한 이후에 수익이 생겼을 때 '익절했다'고 표현하고, 손실이면 '손절했다'고 표현합니다. 이때 일부 물량만 매도했다면 앞에 '분할'이라는 말을 붙이고, 모든 물량을 매도하면 앞에 '전량'이라는 말을 붙입니다(분할 익절/분할 손절, 전량 익절/전량 손절). 익절한 가격대를 '익절가'라고 말하며, 손절한 가격대를 '손절가'라고 말합니다. 손절과 같은 말로 손절매와 로스컷이 있습니다.

⊘ 약수익과 약손실

약수익과 약손실은 종목을 매도하고 수익이나 손실이 미비하거나 적은 경우에 쓰이는 말입니다.

⊘ 본절치기

본절치기는 처음에 매수한 평단가 근처에서 매도하는 것을 의미합니다. 수익이나 손실이 미비하거나 없을 때 쓰입니다. '본절을 할 생각이다', '본절치기를 했다' 등으로 표현합니다.

⊘ 홀딩하기

홀딩은 매도를 하지 않고 버티는 것을 의미합니다.

⊘ 추매하기

추매는 '추가 매수'의 줄임말로, 보유하고 있는 종목을 추가로 매수하는 것을 의미합니다. 추가 매수한 가격대를 추매가라고 부릅니다.

◑ 보통가

보통가는 매매 시 주문을 걸어둔 지정가를 의미합니다.

◑ 시장가

시장가는 매매 시 모든 물량이 체결될 때까지 가장 가까운 틱에 연속으로 거래됩니다.

매매 화면으로 원하는 체결 방식을 선택하면 됩니다. 익숙해지면 빠른 거래가 가능합니다.

◑ 현재가

현재가는 해당하는 종목의 현재 주식 가격입니다.

◑ 조건부 지정가

조건부 지정가로 주문을 내면, 지정한 가격에 체결되지 않았을 때 시장가로 변경됩니다.

```
장전 시간외종가
장후 시간외종가
시간외단일가
조건부지정가
최유리지정가
최우선지정가
지정가(IOC)
시장가(IOC)
최유리(IOC)
지정가(FOK)
시장가(FOK)
최유리(FOK)
자기주식
스톡옵션 자기주식
```

주식투자에는 다양한 거래 방식이 있습니다. 미리 알아두고 투자를 하면 실수가 적습니다.

◎ 최유리 지정가

최유리 지정가로 주문을 내면 즉시 체결이 가능한 1호가로 주문이 진행되며, 체결 이후 남은 물량은 연속으로 거래되지 않고 그대로 1호가에 쌓입니다. 즉 시장가 매매는 주문을 넣은 물량이 모두 즉시 체결될 때까지 1호가 이상으로 거래가 진행되지만, 최유리 지정가는 1호가에만 거래가 되며 체결 이후 남은 물량이 그대로 1호가에 쌓입니다.

◎ 최우선 지정가

최우선 지정가로 주문을 내면 가장 가까운 틱에 매수 대기 물량이 쌓입니다. 예를 들어 A종목의 1호가가 3,500원이라고 가정하면, 최우선 지정가를 사용할 경우 3,500원에 매수 대기 물량이 쌓입니다.

◎ IOC주문과 FOK주문

매매 주문의 종류를 보면 지정가(IOC), 지정가(FOK), 이렇게 2가지로 나누어져 있는 것을 알 수 있습니다. IOC 주문은 주문을 넣은 물량 중 체결이 가능한 만큼만 체결되고, 나머지 잔량은 자동적으로 매매가 취소됩니다. 예를 들어 500주를 주문했고 체결 가능한 개수가 400주뿐이라면 나머지 100주는 주문 취소가 됩니다. FOK는 매매 주문을 넣은 만큼 물량이 있어야 체결이 되는 방식으로, 500주를 주문했으나 체결 가능한 개수가 100주뿐이라면 매매 자체가 취소되는 방식입니다. 즉 500주 이상이 있어야 체결됩니다. FOK는 물량 관리를 하며 주문을 넣을 때 유리합니다.

복습 문제
003

주식에선 크게 3가지 기간에 투자할 수 있습니다. 장전, 장중, 장후입니다. 이때 장중을 정규장이라 부르는데, 정규장 시간 때 주문이 불가능한 매매 방식을 모두 적어보세요.

◎ 저가, 시가, 고가, 종가
- -
한 종목의 '저가, 시가, 고가, 종가'를 통해 일봉 캔들이 만들어집니다.

일자	: 2021/04/08(목)
종목명	: 삼성전자우
시가	: 76,100(−0.26%)
고가	: 76,300(0.00%)
저가	: 75,100(−1.57%)
종가	: 75,200(−1.44%)
5	: 75,580,00(−0.94%)
10	: 74,630,00(−2.19%)
20	: 73,935,00(−3.10%)
60	: 74,623,33(−2.20%)
120	: 68,434,17(−10.31%)
수평대	: 75,943

현재가 기준으로 시가, 고가 등의 차이값이 표시됩니다. 사고 싶은 가격대가 있을 때 충분히 좋은 참고 자료가 될 수 있습니다.

저가	당일에 체결된 거래 중 가장 싼 가격
시가	장 시작 동시호가에서 결정된 가격
고가	당일에 체결된 거래 중 가장 비싼 가격
종가	장 마감 동시호가에서 결정된 가격으로, 다음날 시가의 기준이 됨

◎ 액면가

액면가는 주권 발행 시 발생되는 주권의 가격을 말하는데, 보통 5천원으로 시작합니다. 액면가는 자본금 규모에서 발행주식수를 정하는 기준입니다. 예를 들어 액면가 5천원이고 자본금이 500억원이라면, 1주당 5천원으로 계산해 1천만주의 주식이 발행됩니다. 이후에 액면 분할을 해 액면가를 1천원으로 줄였다면, 1주를 5개로 쪼개 5주가 되어 총 5천만주의 주식으로 발행됩니다. 거래 가능한 발행주식수를 자본금 규모를 통해 발행할 때 발생되는 1주당 가격으로 액면가를 이해하면 되겠습니다.

◎ 섹터

섹터는 기업의 카테고리나 업종을 의미합니다. 삼성전자는 반도체 섹터로 불리고, 현대차는 자동차 섹터로 불립니다. 한 기업이 다양한 섹터를 가질 수 있는데, 주가에 영향을 주는 업종이 주요 섹터가 됩니다.

동일한 업종이 모였을 때 동종 섹터라고 말합니다. 그중에 가장 높은 주가 상승을 보여주는 종목으로 거래가 쏠리는데 해당 종목을 별개로 '대장주'라고 부릅니다. 동종 업종 대부분이 주가가 오르면 그 업종을 주도 섹터라고 부르는데, 가장 움직임이 좋은 종목들을 '주도주'라고 표현합니다.

내가 가장 좋아하거나 투자하고 싶은 기업의 주요 섹터와 주가에 영향을 줄 수 있는 업종을 모두 정리해보세요. 테마주의 경우 수혜 뉴스로는 무엇이 있는지 정리하면 좋습니다. 내가 투자하고 있는 종목의 정보를 남들에게 충분히 설명할 수 있을 만큼 알고 있어야 바람직합니다.

⊘ 관종

관종은 '관심 종목'의 줄임말입니다. 관심 종목들을 분류할 땐 동종 섹터와 수혜를 받는 뉴스별로 정리하는 것이 좋고, 주가에 가장 많은 영향을 준 정보 역시 별도로 기재해두어야 합니다. 뉴스의 내용이 강력할수록 주가 움직임에 영향력이 커지고 반복적으로 나타날 수 있기 때문입니다.

예를 들어 희토류 관련주의 경우 2020년부터 꾸준히 뉴스가 나오면서 수혜주들의 주가 상승이 있었고, 2021년엔 부족할 수 있다는 후속 이슈까지 나오면서 추가적인 급등이 나오기도 했습니다. 이렇게 강한 영향을 주는 정보는 따로 정리해서 기록하면 효율적으로 분석할 수 있고, 바람직한 판단을 내리는 데 도움이 됩니다.

⊘ 주주

주식을 보유하고 있으면 그 누구라도 할 것 없이 모두가 주주가 됩니다. 이때 시세에 큰 영향을 끼칠 수 있을 만큼 주식수를 많이 보유하고 있는 사람을 대주주라고 부르며, 이는 지분을 가장 많이 가지고 있는 투자자를 뜻합니다. 지분율 기준으로 20~50% 이내로 계산합니다. 꼭 지분이 아니더라도 억

단위 이상으로 투자하는 사람을 대주주라 부르기도 합니다. 소액주주는 발행주식총수 또는 출자총액의 1% 미만을 보유하거나 주식을 소량 보유하고 있는 투자자를 뜻합니다.

⊘ 체결과 미체결

주식 거래에 성공했을 경우 '체결됐다'고 말하며, 실패하면 '미체결됐다'고 말합니다. 참고로 주문 이후 미체결이 됐을 때 매매를 원치 않는다면 꼭 주문 취소를 해야 합니다.

⊘ 주문번호

주문번호는 주식 매매 시 부여되는 고유번호입니다. 주문번호 순서대로 주문이 체결됩니다.

⊘ MTS와 HTS

모바일 주식투자 애플리케이션을 MTS라고 부르며, PC 컴퓨터 증권사 매매 프로그램을 HTS라고 부릅니다. 모바일 통신은 MTS이고, PC 통신은 HTS입니다.

⊘ 예수금

예수금은 거래를 위한 자금을 의미합니다. 즉 증권 계좌에 들어 있는 현금 액수입니다. 주식 거래를 할 때 수수료를 자동으로 계산해 체결이 되도록 설정을 하면 예수금 관리가 편해지고, 구분이 쉬워집니다.

✔ 증거금

증거금은 기본적으로 보증금과 의미가 비슷합니다. 정해진 증거금율만큼만 매수에 사용되는 것으로, A종목의 증거금율이 40%이고 내가 가지고 있는 예수금이 100만원이라면 100만원치 매수를 해도 실제 매수에 사용되는 금액은 40만원이고 60만원은 남아 있게 됩니다. 하지만 결제일 전에 매도를 하거나 결제일에 거래 수수료를 포함한 나머지 금액이 있어야 합니다. 돈이 부족할 경우에는 반대 매매, 미수동결 등의 불이익이 따르니 주의해야 합니다. 주린이에 가깝다면 증거금은 사용하지 않는 것이 편합니다. 결제일은 D+2일로 계산합니다.

✔ 미수금

미수금은 증거금의 사용이나 매매 수수료로 인해 예수금 잔고에 마이너스가 발생한 경우입니다. 즉 증권사에게 자동으로 돈을 빌린 행위입니다. 마찬가지로 결제일 D+2일 이내 플러스가 될 때까지 돈을 채워야 합니다.

✔ 미수동결계좌

미수금을 방치하면 익영업일에 미수동결계좌가 됩니다. 이후 30일간 미수사용이 불가능해집니다. 10만원 이하의 소액 미수의 경우에는 미수동결계좌로 지정되지 않습니다.

✔ 주문가능현금

주문가능현금은 매수 가능한 현금을 의미합니다.

✅ 출금가능금액

출금가능금액은 계좌 이체가 가능한 현금을 의미합니다. 이때 예수금은 '거래가 가능한 현금'이므로 '출금 가능한 금액'과 다를 수 있습니다. 매매가 진행되었다면 매도일 기준 2영업일 이후에 출금이 가능합니다.

✅ 대용금

대용금은 보유중인 주식을 증거금이나 다른 용도로 사용하기 위해 계산한 금액입니다. 즉 보유주식으로 담보 대출을 하는 것입니다. 계산식은 '보유주식×전일종가×일정비율'입니다. 일정 비율은 보통 70~80%로 계산합니다. 현금처럼 출금은 불가능하고 증거금과 개념이 똑같기 때문에 결제일에 결제 가능한 현금이 있어야 합니다.

✅ 추가상장

추가상장이란 주식 거래가 가능한 신주를 추가적으로 상장하는 개념입니다. 즉 거래 가능한 물량이 늘어나는 것입니다. 이때 1주당 상장 금액이 별도로 표시되는데, 유통 중인 물량보다 적으면 주가에 영향을 주지 않을 때가 많지만 물량이 많거나 상장 금액이 현재가보다 저렴하면 악재로 해석되어 매도세가 늘어나 주가가 하락할 수 있습니다. 상장 금액이 현재가보다 비쌀 땐 호재로 받아들이기도 합니다.

✅ 호재와 악재

종목이나 주가와 관련해 좋은 소식을 호재라 말하고, 나쁜 소식을 악재라 말합니다. 호재가 발생했다고 해서 무조건 주가가 움직이는 것은 아닙니다. 호재 이후에 바로 주가가 움직일 수도 있고, 시간이 흐른 뒤에야 영향을 받을 수도 있기 때문입니다. 그렇기에 호재 뉴스가 나오면 어떤 이슈인지 체크하고, 어떤 시점에서 호재로 적용되는지 분석을 해야 합니다. 악재 역시 이와 마찬가지로 분석해야 합니다.

◎자사주

자사주는 자사가 발행한 주식을 의미하는데, 주가 관리와 경영권 방어에 쓰입니다. 기업이 자기 자금으로 자사주를 매수하면 자사주 매입이라 말하며, 자사주 취득이라고도 부릅니다. 반대로 자사주를 매도하면 자사주 처분이라고 말합니다. 자사주를 매입하고 소각하는 행위를 자사주 소각이라고 말하는데, 이때 발행주식수가 소각한 만큼 줄어듭니다.

◎자전거래

자전거래란 증권회사가 같은 주식을 동일 가격과 동일 수량으로 매수 주문과 매도 주문을 넣고 거래를 체결시키는 경우입니다. 꼭 증권회사가 아니더라도 해당 주식을 투자하는 모든 투자자가 해당될 수 있습니다.

◎스탑로스

스탑로스란 주식 자동 감시 주문입니다. 증권사에서 제공하는 시스템으로 보유종목 자동매도, 신규종목 자동매수, 조건식 매매 등으로 활용할 수 있습니다. 주식 거래를 할 때 실시간으로 체크를 하지 못할 때 설정해두면 좋습니다. 언제든 감시를 켜고 끌 수 있습니다.

주식 초보자를 위한 초급 어휘

STOCK INVESTMENT
IS INTERESTING!

앞에서 주식에 대한 기본 규칙을 어느 정도 숙지했다면, 이제 실전투자에 들어가기에 앞서 꼭 알고 있어야 하는 어휘에 대해 알아보도록 하겠습니다. 단번에 익히려고 하지 말고 필요할 때 참고해서 주식에 대해 차근차근 알아가면 되겠습니다. 눈에 보이는 어휘들이 처음에는 어려울 수 있지만, 알고 나면 얼마든지 응용이 될 정도로 직관적으로 표현됩니다.

◎ 메이저

메이저는 큰 금액으로 투자하는 투자자나 집단을 부를 때 쓰입니다.

⊙ 캔들 [강의 1]

캔들은 주식 차트에서 설정할 수 있는 캔들 차트 표시를 의미하며, 양초 모양을 닮았습니다. 일본에서 쌀의 가격 변동을 예측하기 위해 쓰이던 것에서 유래되었다고 합니다. 선으로 표시되는 선차트에 비해 보기가 간편해서 많은 투자자들이 즐겨 사용합니다.

⊙ 봉

봉은 캔들을 의미하며, 봉차트에서 확인할 수 있습니다. 표시 방식은 일봉, 주봉, 월봉, 년봉, 분봉으로 나누어집니다. 봉 하나를 기준으로 일봉은 하루 동안의 변동, 주봉은 일주일 동안의 변동, 월봉은 한 달 동안의 변동, 년봉은 일 년 동안의 변동, 분봉은 지정한 분 동안의 변동을 표시합니다. 분봉은 증권사에서 설정할 수 있는데 보통 1분봉, 3분봉, 5분봉, 15분봉… 이렇게 많이들 봅니다. 봉은 특정 기간 동안의 주가 변동을 체크하는 데 쓰입니다.

⊙ 양봉과 음봉

빨간색 캔들이 양봉이며, 파란색 캔들이 음봉입니다. 이때 길이가 길면 장대 양봉, 장대 음봉이라고 부릅니다. 양봉 캔들은 시가보다 종가가 높아야 나타나고, 음봉 캔들은 시가보다 종가가 낮을 때 나타납니다.

양봉이 많을수록 매수세가 유지되고 있다는 의미이며, 반대로 음봉이 많다면 매도세가 이어지고 있다는 의미입니다. 이런 심리는 필요한 만큼 지속하다가 전환이 될 때가 있는데 그 순간을 잘 포착하면 최상의 매매를 할 수 있습니다. 음봉이 많을 때 관찰해보면 좋습니다.

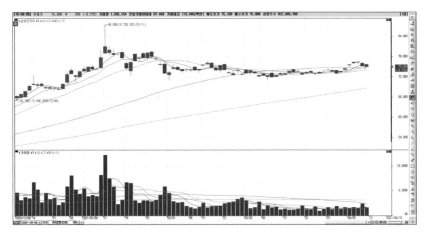

차트 크기를 자유롭게 조절할 수 있습니다. 주가 움직임을 넓게 관찰할 때 효율적입니다. 일봉뿐만 아니라 분봉, 주봉 등으로도 설정 가능합니다.

다음 차트에서 양봉과 음봉의 개수를 세어 적어보고 양봉이 많을 때와 음봉이 많을 때 주가의 움직임이 어떤지 확인하고 서술하세요.

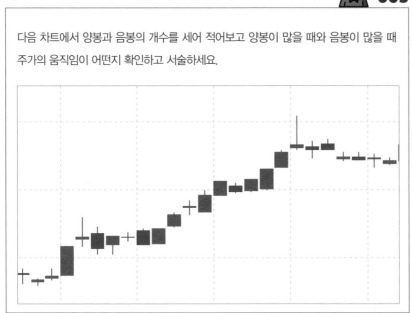

✅ 양봉 캔들

시가보다 종가가 상승하게 되면 붉은색의 캔들로 표시되는데 이를 양봉 캔들이라 부르며, 줄여서 양봉이라 말합니다. 장이 시작되었을 때의 가격보다 주가가 상승세이면 양봉 캔들이 되고, 마감까지 유지하면 그대로 양봉으로 표시됩니다. 양봉 캔들이 보이면 최소한 당일 시작한 가격보다 주가가 상승했다는 사실을 알 수 있습니다.

✅ 음봉 캔들

시가보다 종가가 내려가면 파란색의 캔들로 표시되는데 이를 음봉 캔들이라 부르며, 줄여서 음봉이라 말합니다. 장이 시작되었을 때의 가격보다 주가가 하락세이면 음봉 캔들이 되고, 마감까지 유지되면 그대로 음봉으로 표시됩니다. 음봉 캔들이 보이면 당일 시작한 가격보다 주가가 떨어졌다는 사실을 알 수 있습니다.

◉ 보합

주가 변동이 없는 상태로 마감했을 때 보합이라고 말합니다. 약간 상승한 경우 강보합이라 하고, 약간 하락한 경우 약보합이라고 하는데, 0%대 기준으로 표현합니다.

◉ 도지(도찌)

당일의 시가와 종가가 동일하면 봉차트에서 십자가 모양으로 표시되는데 이를 도지라고 표현합니다. 시세가 가까워질수록 십자가 모양에 가까워진다고 보면 되겠습니다.

도지도 양봉과 음봉으로 나누어집니다. 양봉의 도지는 양도지로 시가와 종가가 동일한 대신 당일의 종가가 전일의 종가보다 높아야 형성됩니다. 반대로 음봉의 도지인 음도지는 시가와 종가가 동일하면서 당일의 종가가 전일의 종가보다 낮아야 형성됩니다. 쉽게 생각해보면 당일의 시가와 종가가 동일하면서 당일의 종가가 전일의 종가보다 높으면 양봉으로 표시되고, 낮으면 음봉으로 표시된다는 것을 알 수 있습니다.

이러한 도지가 연속적으로 나온다면 방향을 정하기 이전의 움직임으로 매수와 매도가 부딪히고 있는 것입니다. 이때 같은 십자가여도 한쪽의 길이가 유달리 길게 나올 수 있는데, 위로 길다면 고점에서 매도가 강했다는 것이고, 아래로 길다면 저점에서 매수가 강했던 것으로 볼 수 있습니다.

⊘ 꼬리

봉차트에서 캔들의 위나 아랫부분에 꼬리 같은 선모양이 표시될 때가 있는
데 그것을 꼬리라 부릅니다.

⊘ 윗꼬리

봉차트에서 캔들의 위쪽으로 봉이 아닌 긴 선이 그려지는 경우 위에 꼬리가
붙었다고 해서 윗꼬리라고 부릅니다.

⊘ 아래꼬리(밑꼬리)

봉차트에서 캔들의 아래쪽으로 봉이 아닌 긴 선이 그려지는 경우 꼬리가 아
래에 붙었다고 해서 아래꼬리 혹은 밑꼬리라고 부릅니다.

◉ 양봉 아래꼬리

양봉의 아래꼬리(밑꼬리)는 시가보다 가격이 낮을 때 표시됩니다. 예를 들어 시가가 24,000원이고 저가가 22,000원이면 2천원만큼의 아래꼬리가 달립니다. 단, 종가가 24,000원보다 높은 상태로 마감해야 양봉 캔들이 완성됩니다.

◉ 양봉 윗꼬리

양봉의 윗꼬리는 종가보다 높은 가격일 때 표시됩니다. 예를 들어 종가가 26,000원이고 고가가 3만원이면 4천원만큼의 윗꼬리가 생기게 됩니다. 출발은 양봉으로 하더라도 종가가 시가보다 낮은 가격이 되면 음봉으로 변하게 됩니다. 이처럼 양봉과 음봉은 서로 얼마든지 변할 수 있는 관계라는 것을 알 수 있습니다.

◉ 음봉 아래꼬리

음봉의 아래꼬리(밑꼬리)는 종가보다 더 낮은 저가가 있을 때 나타납니다. 종가가 가장 낮은 금액이면 아래꼬리가 생기지 않습니다. 예를 들어 A종목의 전일 종가가 20,000원이고, 당일 시가가 16,000원이고, 종가가 15,000원이고, 저가가 14,000원이면, 종가와 저가의 차이인 1,000원만큼의 아래꼬리가 생긴 채로 차트에 그려집니다.

◉ 음봉 윗꼬리

음봉의 윗꼬리는 시가보다 가격이 높았을 경우 나타납니다. 예를 들어 아래꼬리 때와 상황이 똑같다고 가정했을 때 고가가 시가보다 4천원이 높은 2만원이라고 하면 4천원의 차액만큼 윗꼬리가 달리게 됩니다.

다음은 F&F의 일봉 차트입니다. 설명할 수 있는 캔들 용어를 모두 사용해서 주가의 움직임을 설명해보세요.

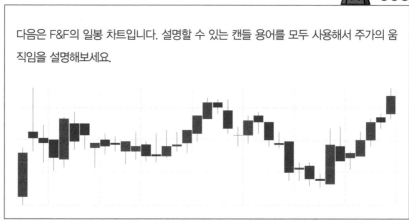

⊘ 무포

무포란 '포지션이 없다'는 뜻으로, 주식을 가지고 있지 않은 상태입니다.

⊘ 허매수와 허매도

호가창을 보면 매물이 쌓여져 있는데 이는 매수 대기 물량 혹은 매도 대기 물량입니다. 터무니없이 너무 많은 물량이 특정 호가에 쌓일 때가 있는데, 주가가 변동되는 상황에서 체결되지 않고 그대로 매물이 빠지면 가짜 매물로 간주해 허매수와 허매도라고 표현합니다.

⊘ 보통주와 우선주

보통주는 의결권이 있으며 배당금을 받을 수 있습니다. 대다수의 주식이 보통주입니다. 우선주는 별도로 표시되어 있는데, 의결권이 없는 대신 보통주보다 먼저 배당금을 받을 수 있는 주식입니다. 유통 물량은 우선주보다 보통주가 많습니다. 삼성전자로 예를 들면, 일반적인 삼성전자는 보통주이며 삼성전자우는 우선주입니다. 특정 종목에는 '1우, 2우' 또한 있는데 이는 순서대로 1차 발행 우선주, 2차 발행 우선주의 표기입니다. 이름 뒤에 b가 붙을 때도 있는데 이때 b는 신형우선주를 의미하고, 이는 채권(Bond)에서 비롯되었습니다.

◎ 구형우선주와 신형우선주

주식시장에서 종목 뒤에 '우'가 표기되면 구형우선주입니다. '우' 뒤에 알파벳 'U' 또는 'B'가 붙으면 신형우선주입니다. 신형우선주의 특징은 은행의 확정금리처럼 구형우선주보다 높은 배당을 보장해준다는 것입니다.

◎ 전환우선주와 상환우선주

우선주로 발행 이후 특정 기간이 지나고 지정한 전환비율에 따라 보통주로 전환되는 것을 전환우선주라고 부릅니다. 반대로 상환을 전제로 만기가 있으며 기간이 만료되면 발행회사에서 이를 되사가는 경우를 상환우선주라고 합니다.

◎ 참가적우선주와 비참가적우선주

배당 이후 잔여이익이 있을 경우 추가 배당을 받을 수 있는 것을 참가적우선주라고 합니다. 반대로 잔여이익은 있지만 추가 배당을 받지 못하는 것을 비참가적우선주라고 합니다.

⊘ 누적적우선주와 비누적적우선주

특정 연도의 배당이 우선배당률에 못 미칠 경우 다음 해의 이익에서 우선적으로 추가 배당해주는 보증주를 누적적우선주라고 부릅니다. 즉 최저배당을 받지 못했을 때 다음 해에 미지급 배당액을 지급해주는 것을 의미합니다. 반대로 비누적적우선주는 지급하지 않는 것을 의미합니다. 부족한 배당액이 다음 해로 이월되면 누적적우선주라고 이해하고, 이월되지 않으면 비누적적우선주라고 이해하면 되겠습니다.

⊘ 배당

배당이란 주식을 보유하고 있는 주주들에게 기업이 영업이익의 일부를 이윤 배당하는 것을 의미합니다. 즉 보유하고 있는 주식 개수당 일정 금액을 배당으로 지급하는 것입니다. 예를 들어 A종목의 배당금이 1주당 50원이라면 보유하고 있는 개수만큼 배당금을 받을 수 있습니다. 이러한 주식을 배당주라고 부르며, 배당금이 많은 주식은 고배당주라고 부릅니다. 정해진 기간만큼 보유하고 있어야 배당금을 받을 수 있습니다. 배당의 종류는 현금으로 받는 현금 배당과 주식으로 받는 주식 배당으로 나누어져 있습니다.

⊘ 배당락

배당락이란 배당기준일이 지나서 배당금을 받을 수 없는 상태를 의미하거나 주식배당으로 주식수가 늘어나 시가총액을 동일하게 맞추기 위해 주가를 인위적으로 떨어뜨리는 경우를 의미합니다. 예를 들어 A라는 종목의 결산법인이 5월 말이라면 5월 말까지 주식을 보유하고 있어야 배당을 받을 수 있습니다. 주식을 사도 배당을 받을 수 없는 시기를 배당락일이라고 부릅니다. 기본적으로 주식을 매수하면 3거래일에 대금결제가 이루어지는 시스템이므로 주주로서 배당을 받기 위해선 이러한 대금결제일을 고려해 매매해야 합니다.

⊘ 고객예탁금

고객예탁금은 증권사에 입금되어 있는 현금을 의미합니다. 즉시 매수 가능한 돈입니다. 예를 들어 고객예탁금이 30조원이라면 주식시장에서 즉시 매수 가능한 현금이 총 30조원 있다는 의미입니다.

⊘ 신용잔고

신용잔고는 개인들이 증권사에서 빌린 금액입니다. 신용을 써서 거래하는 것을 신용융자거래, 줄여서 신용거래라고 부릅니다. 모든 신용거래의 금액을 표기한 것이 신용잔고입니다.

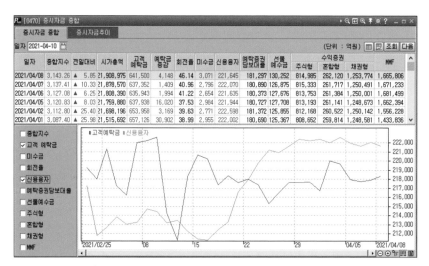

예전의 고객예탁금과 비교했을 때, 상대적으로 신용잔고가 높을수록 시장 상승폭이 떨어질 수 있습니다. 신용잔고가 늘어날수록 현금화를 고려하는 게 좋습니다.

황족의 심화해설
강의 영상!

❂ 프로그램 매매 [강의 2]

프로그램 매매는 일정한 조건이 충족되면 인간이 아닌 컴퓨터 프로그램에 의해 주식이 거래되는 시스템을 의미합니다. 기관이나 외국인 투자자들이 많이 사용하는 주식 거래 방식입니다.

프로그램 매매는 차익 거래와 비차익 거래로 나눕니다. 차익 거래는 현물과 선물의 가격 차이로 차익을 보는 거래입니다. 비차익거래는 15개 이상의 코스피 종목을 한 묶음으로 해서 조건에 따라 한 번에 모두 매수하거나 매도해서 차익을 보는 거래입니다. 차익 거래가 선물과의 거래라면, 비차익거래는 현물만 본다는 차이점이 있습니다.

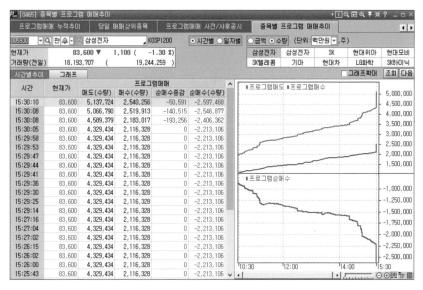

프로그램 거래는 조건에 의해 움직이는 자동 매매라고 볼 수 있습니다. 프로그램에 의한 거래량이 많을수록 주가에 끼치는 영향력이 커집니다.

황족의 심화해설
강의 영상!

◎ 이동평균선 [강의 3]

이동평균선은 일정 기간의 평균 주가에 따라 만들어낸 선입니다. 차트에서 흔히 볼 수 있는 5일선, 20일선 등이 이동평균선으로, 줄여서 이평선이라고 부릅니다. 이동평균선으로 주가의 움직임을 체크하기에 용이해 많은 투자자들이 보조지표로 활용해 주식투자를 합니다.

◎ 이평선의 종류

5일선과 20일선을 단기 이평선, 60일선을 중기 이평선, 120일선 이상을 장기 이평선으로 설명합니다. 보통 단기 시세를 볼 때는 단기 이평선을 이용하고, 주가의 추세는 중기 이평선으로 판단하고, 장기 매집은 장기 이평선을 보고 투자합니다.

이평선은 설정에 따라 굵기와 색상 등 기준을 변경할 수 있으며, 새로 만들거나 삭제할 수 있습니다.

◎ 평가손익과 평가손익률

평가손익이란 실시간 손익을 의미합니다. 예를 들어 A종목 1주를 가지고 있고, 매수 당시 주가가 5만원이고 이후 1만원이 오르면 평가손익은 +1만원이

됩니다. 평가손익률은 이를 퍼센트로 표기한 것입니다. 수수료가 포함되어 있을 경우 계산 이후에 평가손익이 표기됩니다.

◎ 전일비

전일비란 전날 종가와 비교한 수치를 의미합니다.

◎ 신고가와 신저가

'신고가 갱신을 했다', '신저가 갱신을 했다'는 말을 자주 들어봤을 것입니다. 흔히 52주를 기준으로 두는데, 52주라는 기간 동안 가장 비싼 주가를 기록하면 '52주 신고가 갱신을 했다'고 말합니다. 반대로 가장 낮은 주가를 기록하면 '52주 신저가 갱신을 했다'고 말합니다.

◎ 밴드

밴드란 주식의 가격 범위를 의미합니다. 예를 들어 1,200원~1,500원 사이를 볼 때 '1,200원~1,500원 밴드'라고 이야기합니다. 매매 범위를 설명하거나 분석을 할 때 주로 쓰는 단어입니다.

실전투자를 위한 중급 어휘

STOCK INVESTMENT
IS INTERESTING!

실전투자에 들어갈 때 알고 있으면 참 좋은 어휘들로 중급 어휘를 구성했습니다. 중급 어휘 시간에선 주식의 종류와 매매기법에 대한 개념을 확인할 수 있습니다. 쉽게 접할 수 있는 말들이지만 자세한 개념을 알기 어려웠던 부분들을 속 시원하게 긁어드리겠습니다.

일일이 검색해야 알 수 있었던 내용이 많습니다. 주식투자를 하다 보면 변수가 많고 빠르게 알고 있어야 대응이 가능한 상황들이 많습니다. 정보를 아는 만큼 효율적인 투자를 지속할 수 있으므로 가능하다면 공부를 한다는 생각으로 읽으면 좋습니다. 따로 노트를 만들거나 형광펜 등을 활용해서 꼭 기억해야 하는 내용을 별도로 정리해보기 바랍니다.

◉ 주식의 종류

주식의 가치나 시세에 따라 주식의 종류를 달리 분류해 투자합니다. 첫째, 시세와 가치에 따라 분류하는 경우입니다.

소형주	시가총액이 300위 미만이고 주식의 가격이 싼 주식
중형주	시가총액이 100위 미만 300위 이상인 주식
대형주	시가총액이 1~100위에 해당하는 주식
우량주	블루칩이라 부르며, 타기업에 비해 재무내용이 훌륭하고 배당률 등 경영내용이 좋은 상위 기업
강성주	타기업에 비해 성장률이 높거나 재무가 건전해 투자하기에 안정적인 주식
실적주	실적이 우수하고 그것에 의해 주가의 상승이 일어나는 주식
저평가주	기업 가치에 비해 주가가 낮게 형성되어 있는 주식
고평가주	기업 가치에 비해 주가가 높게 형성되어 있는 주식
가치주	주식시장의 평균 기업 가치에 맞게 주가가 형성되어 있는 주식
대장주	동일한 업종 중 거래량이 가장 많거나 주가 상승이 높은 주식
부대장주	동일한 업종 중 거래량이 두 번째로 많거나 주가 상승이 두 번째로 높은 주식
잡주	본래 종목이 가지고 있는 가치 외에 주가의 움직임이 다양한 근거로 움직이면서 변동성이 큰 주식
개잡주	본래 종목이 가지고 있는 가치가 아닌 전혀 다른 이유로 주가 변동성이 크거나 근거 없이 주가의 변동이 큰 주식
동전주	1천원 미만의 주가를 가지고 있는 주식
지폐주	1천원 이상의 주가를 가지고 있는 주식
급등주 급락주	단기간의 급격한 주가 상승이 있는 주식을 급등주라 하며, 반대로 하락이 있는 주식을 급락주라고 함

둘째, 섹터에 의한 주식의 분류입니다.

품절주	유통된 주식수가 적어 거래 가능한 주식 개수가 한정되어 있는 주식
스펙주	기업의 인수를 목적으로 설립한 회사로, 클라우드 펀딩과 유사함
성장주	성장성이 보장되어 있거나 기업 가치의 성장에 따라 주가가 상승하는 주식
기대주	주가 상승의 기대감을 가지고 있는 주식
신규상장주	주식시장에 신규 상장된 주식
주도섹터주	특정 섹터들의 주가가 일제히 상승할 때 그중에 대장주로 움직이는 주식
경기방어주	경기 변동과 관계없이 일정한 주가를 유지하는 주식
경기민감주	타기업에 비해 경기 변동에 따라 주가의 등락이 큰 주식
주도주	주식시장을 주도하는 주식을 의미함. 다른 말로 주력주, 선도주라고 불림
테마주	주식시장에 영향을 주는 사건에 따라 주가가 움직이는 주식

복습 문제
007

2021년 4월 9일 금요일을 기준으로 다음 주식들의 종류(삼성전자, LG화학, 포스코, 서울식품, 엠게임)를 분류하고, 투자하고 싶은 기업을 3가지 이상 정해 분류를 지정해보세요. 그리고 어떤 종류의 주식을 투자하고 싶은지도 적어보시기 바랍니다.

◎ 매매기법
- -
주식투자에서 기간과 방식에 따라 다양한 매매기법이 존재합니다.

첫 번째로 시초 매매가 있습니다. 이는 시초가에 매수를 하고 차익을 노리는 방식으로, 장이 시작하기 전 오전 9시 이전에 매매하고 싶은 종목에 매수 주문을 걸어둡니다. 오전 9시에 시작하는 가격이 시초가로 형성되는데, 무조건 매수를 하고 싶다면 시장가로 거래 주문을 해야 합니다.

두 번째로 스캘핑입니다. 초단타로 불리기도 합니다. 일반적으로 짧은 시간 (분·초 단위) 안에 주식 거래를 해서 차익을 보는 기법입니다. 예를 들면 A라 는 종목을 매수하고 몇 초, 수 분 이내 1% 이상 주가 상승 시 매도해 차익을 봅니다. 수수료를 고려해야 하며, 잦은 매매로 수익을 쌓아가는 방식입니다. 손과 판단이 빨라야 해서 고난이도·고위험 매매기법으로 분류됩니다.

세 번째로 일반적인 단타입니다. 데이트레이딩 혹은 단기 매매로 불리며, 단 기적으로 타점을 잡아 수익을 보는 방식입니다. 통상적으로 1~3거래일 이 내 매매를 해서 차익을 노립니다. 시간이 오래 걸리지 않기 때문에 단기간에 상승 전망이 있는 종목 위주로 매매를 하며, 스캘핑과 마찬가지로 고위험 매 매기법으로 불립니다. 이때 단기간에 주식투자를 해서 수익을 보고자 하는 매매기법을 '트레이딩 한다'고 말합니다.

네 번째로 종가 베팅입니다. 줄여서 '종베'라고 불리며, 당일 종가에 매수해 서 3거래일 이내에 매도해 차익을 보는 매매기법입니다. 여기서 말하는 종가 란 오후 3시 20분~3시 30분 동시호가 때의 거래를 의미하는데, 꼭 동시호가 가 아니더라도 장이 끝나가는 시간대에 가까운 시점에 매매하기도 합니다. 좋은 수익률이 나오면 단타나 시간외 거래로 차익을 보기도 합니다.

다섯 번째로 스윙입니다. 일반적으로 길게 가져가는 매매기법으로, 3개월 이 내의 기간을 두며 정해진 기간 내에 만족스러운 수익률이 나왔을 때 매도하 는 방식입니다. 단기적인 흔들림에 굴하지 않고, 길게 봐도 괜찮은 종목에 주 력합니다.

마지막으로 중기·장기·초장기 투자 기법이 있습니다. 중기는 통상적으로

6개월 이내, 장기는 1년 이내, 초장기는 3년 이내의 기간을 고려합니다. 하지만 이는 심리적인 기간일 뿐이며, 만족스러운 수익률이 나오면 스윙이 되기도 하고, 단타가 되기도 합니다.

매매기법이란 결국 원하는 수익률에 적합한 방식으로 매매하는 것이며, 상황에 따라 서로 변하기도 합니다. 스윙으로 매수했다가 중기가 될 수도 있고, 종베로 생각해서 넣었다가 스캘핑이 될 수도 있는 것입니다.

✓ 정배열과 역배열

정배열이란 위에서부터 5일선, 20일선, 60일선, 120일선으로 배열이 되어 있는 경우입니다. 역배열이란 위에서부터 120일선, 60일선, 20일선, 5일선으로 배열이 되어 있는 경우입니다.

✓ 반대 매매

반대 매매란 증권사에게 빌린 돈을 갚지 못해 고객의 의사와 관계없이 주식을 강제로 일괄매도 처분하는 것을 의미합니다. 즉 신용거래를 통해 주식을 매입하고 만기가 되었는데도 갚지 못하면 강제 매도 처분됩니다.

✓ 상장폐지

상장폐지 기준을 충족해 상장이 취소되어 주식시장에서 거래할 수 없는 주식을 의미합니다. 부도가 발생했거나 영업정지, 자본잠식 등의 다양한 이유가 있습니다. 상장폐지 조건에 대한 자세한 내용은 한국거래소 홈페이지에서 확인 가능합니다. 한 해에 상장폐지되는 종목은 평균 약 6종목이므로 이를 잘 체크해 조심하는 것이 중요합니다.

❖ 정리 매매

정리 매매는 상장폐지가 결정된 주식의 마지막 거래입니다. 매매일 기준 5~15일간 이루어집니다. 매매 방식은 단일가 매매이며, 30분 단위로 거래됩니다. 정리 매매 이후 상장폐지가 됩니다. 상황에 따라 정리 매매를 허용하지 않을 수도 있습니다.

복습 문제
008

> 특정 종목이 800원이라는 가격으로 정리 매매가 시작되었습니다. 예측할 수 있는 상한 가와 하한가를 적어보세요.

❖ 거래정지

거래소에서 정한 거래정지 사유에 충족되었을 경우 이 종목의 주식 거래가 불가능하도록 거래정지가 됩니다. 정지 사유와 기간 등의 자세한 이유는 공시나 뉴스를 통해서 전달됩니다. 혹은 주담과의 통화를 통해서 사실을 확인할 수 있습니다.

❖ 관리종목

상장폐지 가능성이 있는 종목에 한해 투자자에게 주의를 주기 위해 관리종목으로 지정합니다. 신용거래가 금지되고, 매매가 정지될 수 있습니다.

❖ 투자주의

거래소에서 지정한 요건에 충족되는 경우 투자자들의 보호를 위해 투자주의, 투자경고, 투자위험 등이 지정됩니다. 이러한 종목들은 주가의 급등락이 나오기 쉽고, 주식 초보자들은 대응하기 어려운 상황들이 자주 나올 수 있습니다. 투자에 경고가 될 만한 문구가 표기되어 있다면 주식 초보자들은 항상 주의해야 합니다.

⊘ 단기과열

주식시장의 질서를 고려해 비정상적으로 거래가 많거나 단기간의 주가 급등이 크고 길어지면 거래소에서 단기과열지정 종목으로 관리합니다. 과도한 투기를 막기 위한 시스템이며, 일시적으로 거래가 정지됩니다.

⊘ 매매거래정지

매매거래정지란 주식시장과 투자자의 보호를 위해 정해진 조건을 충족한 종목을 일시적으로 거래 정지시키는 경우입니다. 불성실공시법인으로 지정되거나 단기과열 종목, 조회공시 요구 불응, 상장폐지 사유 발생 등 다양한 근거가 있습니다. 정지 사유가 해소되었을 때 거래정지가 풀립니다. 그전까지는 거래가 되지 않기 때문에 장기간 돈이 묶일 수 있습니다.

실전투자를 위한 고급 어휘

STOCK INVESTMENT
IS INTERESTING!

공시를 보거나 기업 분석, 증시 시황 등을 볼 때 간혹 이해하기 어려운 용어들이 있습니다. 전문 용어들이 사용되기 때문인데, 고급 어휘 시간에서는 고급이라는 표현에 맞는 전문 용어들에 대해 살펴보겠습니다. 하지만 너무 어려운 용어들이 아니라 실전투자에서 자주 쓰이면서 쉽게 알 수 있는 어휘들로 모아보았습니다.

◆ 선물

현재 시세가 아닌 미래 시세를 정해 계약하는 곳을 선물 시장이라고 부르고, 이를 파생 상품이라 부릅니다. 특정 상품을 미래에 정한 시세에 계약거래를 하는 것을 의미합니다. 예를 들어 현재 시세가 1만원인 A라는 상품이 있다고 가정해보겠습니다. 매수자는 이를 일정 기간 이후에 2만원에 사겠다고 계약을 걸고 매도자가 이를 승낙하면 만기일에 거래 체결이 됩니다. 만기일 시세가 어떻든 관계없이 계약을 맺은 대로 거래가 체결됩니다. 여기서 말하는 만기일이란 선물 만기일을 의미하며, 계약이 가능한 최종거래일입니다.

흔히 '선물 만기날 증시의 변동성이 크다'는 이야기가 있는데, 이러한 선물의 개념에서 비롯되는 것입니다. 보통 농사와 비슷하게 생각합니다. 계약이기 때문에 체결을 물릴 수 없습니다. 선매후물의 거래방식입니다. 선물은 결제방법이 존재하는데, 만기일에 현물을 인수하는 것을 실물인수도방식이라고 하고, 선물가격과 선물만기일의 현물 가격 차이만을 정산하는 현금결제방식으로 구분하고 있습니다.

외국인과 금융투자가 서로 반대되는 선물 거래를 하고 있습니다. 상승과 하락에 대해 서로 반대로 생각하고 있다는 것을 알 수 있습니다.

◎ 근월물과 원월물

근월물은 만기가 가까운 선물을 의미하고, 원월물은 만기가 많이 남은 선물을 의미합니다. 만기일에 가까워질수록 흔히 변동성이 커집니다.

◎ 금융선물

금융선물이란 주가지수, 금리, 통화 선물 상품을 의미합니다.

◎ 상품선물

상품선물이란 농산물, 축산물, 귀금속, 비철금속, 임산물, 에너지 선물 상품을 의미합니다.

◎ 코스피200 선물

코스피200 선물은 2009년 이후 선물가격을 지수화한 선물지수입니다.

◎ 옵션

옵션은 선물과 비슷한 개념입니다. 선물이 계약이라면, 옵션은 권리입니다. 즉 옵션은 특정 상품을 미리 정해진 가격으로 사고파는 권리를 의미합니다. 선물과의 큰 차이라면, 선물은 계약이기 때문에 무조건 거래가 되지만 옵션은 권리이므로 중도 포기가 가능하다는 것입니다. 옵션을 포기하게 되면 옵션 구매 시 사용한 금액만 손해를 보고 끝납니다. 옵션도 선물처럼 만기일이 있고, 만기일이 가까운 날엔 증시의 변동성이 커집니다. 그 이유는 싸게 사려는 사람과 비싸게 팔려는 사람끼리 경쟁을 하기 때문입니다.

● 콜옵션과 풋옵션

옵션 중 미리 정한 가격을 기준으로 콜옵션은 사는 권리를 의미하고, 풋옵션은 파는 권리를 의미합니다. 흔히 '베팅을 했다'고 표현합니다.

콜옵션은 베팅을 중도 포기 할 수 있어 한정된 손실 구조를 가집니다. 향후 시세 상승을 전망합니다.

풋옵션은 향후 시세 하락 및 횡보를 전망합니다. 콜옵션이 매수에 베팅한다면 풋옵션은 매도에 베팅하는 것입니다.

⊙ 인버스와 레버리지

인버스란 주식시장 하락에 대비해 만들어진 상품으로 해당 지수의 가격이 내려가야 이익이 발생하는 금융투자 상품입니다. 레버리지란 인버스와 반대로, 해당 지수의 가격이 올라갈 것을 예상해 투자함으로써 차익을 보는 금융투자 상품입니다.

인버스와 레버리지는 지수의 움직임이 급격할 때 움직임이 덩달아 커지기 때문에 고위험 고수익 상품으로 분류됩니다. 그러므로 인버스와 레버리지로 큰 수익을 노리는 것은 금물입니다.

주식시장에서 인버스와 레버리지는 수익을 목표로 하기보다 최소한의 리스크로 자금을 보호하고 싶을 때 주로 활용하는 상품입니다.

기관이 갑작스럽게 오늘 하루 인버스를 매수했습니다. 그렇다면 다음날 시장은 하락할까요? (◎/✕)

✔ 공매도

공매도란 주식이나 채권을 가지고 있지 않을 때 매도주문을 하는 것으로, 다른 투자자에게 이를 빌려 매도를 하고 돌아오는 결제일에 기존 매입자에게 빌린 것을 되갚는 거래방식입니다. 쉽게 설명해보자면 A종목의 현재 주가가 5만원이고 이를 가지고 있지 않은 투자자가 공매도를 통해 다른 투자자에게 주식을 빌려 5만원에 매도를 합니다. 3일 이후 결제일에 주가가 4만원으로 하락했다면 4만원에 매수해 빌린 것을 갚는 투자입니다. 이렇게 하면 처음에 5만원에 매도를 하고 이후에 4만원으로 매수를 했기 때문에 총 1만원의 투자 차익을 가지게 됩니다. 반대로 주가가 6만원인 경우 1만원의 손실을 보게 되는 것입니다. 공매도를 행사하고 결제일에 주가가 하락해야 수익을 낼 수 있는 구조입니다.

✔ 유상증자와 무상증자

증자란 주식을 추가로 발행하는 것을 의미합니다. 이때 유상증자란 신규 발행되는 신주를, 대가를 지불하고 거래하는 것을 의미합니다. 반대로 무상증자는 기존 주주들에게 신주를 공짜로 제공하는 것입니다. 둘 사이의 큰 차이점을 보자면 유상증자는 신주가 추가로 발행되면서 회사의 자산이 상승한다는 것입니다. 하지만 무상증자는 회사 자산의 변화 없이 신주만 늘어납니다. 유상증자나 무상증자도 거래 가능한 주식수가 늘어나 주가가 변할 수 있는데 자산의 변화로 인해 주가가 변한 것이 아니므로 기업의 가치까지 변하진 않습니다.

증자 방식은 주주배정, 일반공모, 제3자 배정이 있습니다. 주주배정이란 기존 주주들에게 지분 비율에 따라 신주를 배정하는 방법입니다. 일반공모란 주주가 아닌 일반 사람들을 대상으로 발행한 신주를 공모하는 것을 의미합니다. 마지막으로 제3자 배정이란 기존 주주가 아닌 제3자에게 신주를 배정하는 것을 의미합니다.

일반적으로 유상증자는 악재로, 무상증자는 호재로 받아들이나 제3자 배정의 유상증자는 호재로 받아들이기도 합니다. 시장 상황과 종목에 따라 차이가 있으므로 공시를 바르게 보고 투자중인 종목의 정보를 잘 파악하는 것이 중요합니다.

⊘ 감자

여기서 말하는 감자란 '자본감소'의 줄임말입니다. 감자는 유상감자와 무상감자로 나눕니다. 유상감자는 기존 주주들에게 감자에 대한 보상을 제공합니다. 반대로 무상감자는 기존 주주들에게 보상 없이 감자를 진행하는 것을 의미합니다.

⊘ 블록딜

블록딜은 시장에 영향을 주지 않도록 장이 끝난 이후 지분 매매를 진행하는 방식입니다. 주식을 대량으로 보유하고 있는 매도자가 인수할 매수자를 사전에 구하는 방식입니다.

⊘ 액면분할과 액면병합

액면분할은 주식의 액면가액을 일정한 비율로 분할해 주식수를 증가시키는 것을 의미합니다. 액면가액이 5천원인 주식을 2,500원으로 나누면 기존 1주에서 2주가 됩니다. 반대로 주식수를 줄이고 단가를 높이기 위해 여러 개의 주식을 한 개로 합치는 것을 액면병합이라고 합니다.

흔히 액면분할을 하면 액면가액이 줄고 유통물량이 늘어나 거래량이 늘어나고 주가가 비싸 접근하지 못했던 투자자들도 접근할 수 있게 됩니다. 액면병합을 하면 유통물량이 줄어들어 거래량이 줄어들거나 단기간에 주가가 상승하는 경우가 발생할 수 있습니다. 하지만 액면분할이나 액면병합이 기업의 가치에 영향을 주는 것이 아니므로 일시적인 현상일 수 있어 신중하게 접근해야 합니다.

복습 문제

010

> 55만 8천원이던 카카오의 주가가 11만 1,600원으로 바뀌었습니다. 주가가 어떤 이유로 바뀌었는지 설명해보세요. (정확한 명칭을 포함해서 설명해야 하며, 장점과 단점을 최소 한 가지씩은 적어야 합니다.)

◎ 보호예수

보호예수란 주주의 주식을 보호하기 위해 일정 기간 정해진 물량을 주식시장에서 매매할 수 없게 만든 보호조치입니다. 보호예수 기간은 일반적으로 코스피 6개월, 코스닥 1년입니다. 따로 보호예수 해제 공지를 해주지 않기 때문에 미리 체크하고 매매하는 것이 중요합니다.

◎ 대차거래

대차거래는 주식을 장기간 보유한 금융회사가 단기적으로 이를 필요로 하는 다른 기관에게 빌려주는 거래를 의미합니다. 일반적으로 주가 하락이 예

상될 때 대차로 빌려서 매도하고, 이후 주가가 하락했을 때 재매수해 되갚아
차익을 챙기기 위해서 활용됩니다.

◎ 공개매수

공개매수란 주식시장 외에서 공개적으로 매수하는 적대적 M&A 방식을 의
미합니다. 기존 경영권을 보호하기 위한 방식으로 쓰이거나 공개적인 방식
으로 기업 인수 및 합병을 하고자 할 때 주로 쓰이는 거래방식입니다. 해당
주식의 매입 기간, 가격, 수량 등이 사전에 제시되며 불특정다수인을 상대로
주식시장 외에서 매수가 진행됩니다.

공개매수는 '우호적, 적대적, 중립적'으로 구분됩니다. '우호적'은 대상 기업
경영진이 우호적으로 동의하고 다른 주주에게 매수를 권유하는 경우이며,
반대로 '적대적'은 매수하지 말라고 권유하는 것을 의미합니다. '중립적'은
권유 행위가 없을 때 해당하는데, 단기간에 경영권을 행사하고 싶은 경우 효
과적으로 사용되는 거래 방식입니다.

실전투자에서 모르고 있으면 손해 볼 수 있는 말들이 모여 있습니다. 주식 공부를 할 때 흔히 볼 수 있는 '박스권', '수급', '지하실' 등 단어들의 의미와 차트를 읽을 때 도움이 되는 보조지표들의 설명까지 모두 넣었습니다. 2장에는 그동안 은어로 느낄 수 있었던 '매물소화', '정찰병', '차익실현'과도 같은 실전매매 어휘들이 포함되어 있습니다.

2

실전투자에서는
어떤 말들이 사용될까?

차트와
관련된 어휘

STOCK INVESTMENT
IS INTERESTING!

　　주식투자에서 실전투자란 직접적인 매매와 관련된 이야기가 주를 이룹니다. 이론과 지식이 투자의 방법에 대한 설명이었다면, 실전투자는 실질적인 거래로 수익과 손실이 발생하는 환경입니다. 주식의 진짜 무대라고 볼 수 있습니다. 그중에서도 실전 매매와 직결되어 있는 상당히 중요한 의미를 가지고 있는 어휘들이 있는데, 차트와 관련된 어휘들로 준비해보았습니다. 그동안 이해하기 어려웠던 어휘들을 알아보고, 그 의미만 잘 알고 있어도 실전투자에 도움이 되는 단어들을 정리해보았습니다. 차트를 보지 않는 투자자들도 이 어휘들을 알고 있기만 해도 도움이 될 것입니다.

◎ 고점과 저점

주식의 가격이 현재가보다 상대적으로 높은 위치에 있을 때 고점이라고 하며, 낮은 위치에 있을 때 저점이라고 말합니다.

황족의 심화해설 강의 영상!

◎ 박스권 [강의 4]

특정 구간의 시세가 고점을 돌파하지 못하고 저점도 이탈하지 않는 상태를 지속하면 '박스에 갇혀 있다' 혹은 '박스권에 있는 상태'라고 표현합니다. 여기에서 고점은 저항선으로 보고, 저점은 지지선으로 봅니다.

박스권을 보는 이유는 차트 시세를 분석할 때 매매 패턴을 보기 위함입니다. 박스권에 오래 머무를수록 지루해진 투자자들이 중도 하차하는 경우가 많은데, 그런데도 주가가 유지되면 의도적인 움직임으로 분석하기도 합니다. 원하는 가격대에 물량을 모으기 위해 박스권을 활용하기도 합니다. 물론 전부 그런 것은 아니며, 반대로 가지고 있는 매물을 팔기 위한 목적일 수도 있습니다. 결국 차트를 볼 때 박스권을 확인하는 이유는 주가가 어떻게 움직일지 예측하고 이에 대한 대응책을 마련하기 위함입니다. 투자자마다 박스권을 보는 목적은 다르지만 사용하는 의미는 동일합니다.

간혹 차트에서 장대 양봉이 나타나면 그것을 단기 박스권으로 보기도 합니다. 박스권의 기간에 따라 단기 박스권, 중기 박스권, 장기 박스권이라고 이름을 붙이기도 합니다. '주가의 패턴이 박스에 갇혀 있다'는 표현이 핵심이라고 보면 되겠습니다.

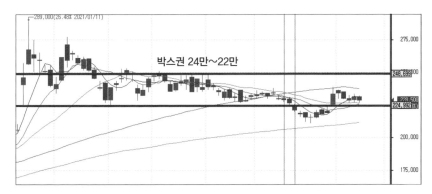

제한된 도구로 차트에 그림을 그릴 수 있습니다. 상황에 따라 판단을 빠르게 해야 할 때가 있기에 박스권을 미리 그려두면 좋습니다.

◎ 우상향과 우하향

차트에서 주가가 떨어지지 않고 지속적으로 상승할 때 우상향이라 말하며, 반대로 상승 없이 지속적으로 주가가 떨어지면 우하향이라고 말합니다.

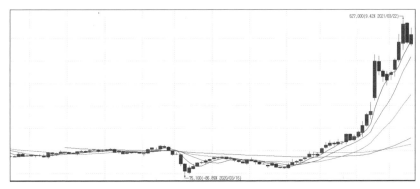

중간에 주가 하락이 있었지만, 다시 매수세가 강해지면서 우상향을 하는 모습입니다. 우상향 중이라면 신중하게 매도해야 수익률이 높습니다.

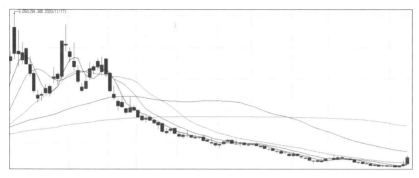

중간에 주가 상승이 있었지만, 다시 매도세가 강해지면서 우하향을 하는 모습입니다. 우하향 중이라면 매도 가격대를 꼭 정해야 합니다.

황족의 심화해설
강의 영상!

✅ 수급 [강의 5]

주가 상승이 기대되는 거래가 붙는 것을 수급이라고 이야기합니다. 즉 '수급이 들어왔다'고 말하면 좋은 거래량이 붙었다는 의미로, 앞으로 주가 움직임이 좋을 것으로 전망되는 긍정적인 매수가 들어왔다는 이야기입니다. 우상향이나 급등이 기대될 때 주로 쓰입니다. 반대로 '수급이 나쁘다'는 말은 매도가 너무 많아 주가가 떨어지고 있거나 떨어질 가능성이 높을 때, 거래량이 줄어들어 소외 받고 있을 때 주로 쓰입니다.

황족의 심화해설
강의 영상!

✅ 역사적 고점 [강의 6]

역사점 고점은 기본적으로 신고가 갱신의 고점에 도달했을 때 쓰이는 표현입니다. 다시 보기 어려운, 불가능한 주가에 위치했을 때 역사적 고점이라 부릅니다.

✔ 천장 [강의 6]

천장은 고점을 돌파하고 도달한 적 없는 주가에서 한 번 더 우상향을 하는 경우입니다. '천장을 뚫었다'고 표현하기도 하며, 고점 돌파를 했을 때 쓰이기도 합니다. '천장을 노린다', '천장에 도달했다'는 말은 역사적 고점 이상의 시세를 본다는 의미로, 새로운 역사적 고점을 기대한다는 뜻입니다.

✔ 피뢰침

긴 윗꼬리 차트가 발생했을 때 피뢰침 모양과 비슷하다고 해 '피뢰침을 쏘았다', '피뢰침이다'라고 표현합니다. 또는 '번개에 맞아 감전되었다'고 말할 때도 있는데, 피뢰침에 속아 매수해 손해를 보고 있는 상태를 의미합니다.

✔ 갭 [강의 7]

갭은 봉차트의 빈 공간을 의미합니다. 갭이 생긴 상태에서 주가가 오르면 빈 공간이 생긴 상태에서 주가가 올랐기 때문에 '갭상승'이라고 하고, 반대로 주가가 내려가면 '갭하락'이라고 합니다. 갭은 전일 종가에 비해 시가가 크게 올

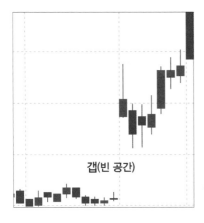

갭(빈 공간)

비어 있는 공간만큼 체결이 되지 않고 주가가 움직인 모습입니다. 그만큼 시장가로 체결이 되었다고 볼 수 있습니다.

랐을 때 생깁니다. 갭이 생긴 위치로 주가가 이동하면 '갭을 메꿨다'고 표현합니다. 갭이 발생했다는 것은 해당 위치의 주가만큼 지속적인 거래 없이 한 번에 매매 체결이 되었다는 의미입니다.

◎ 흔들기

별다른 이유 없이 주가의 등락이 클 때 '흔들고 있다'고 말합니다. 박스권에서 흔들기가 발생하면 '흔들기 구간'이라 부르는데, 급등이나 급락 직전에 흔드는 경우가 많습니다.

황족의 심화해설
강의 영상!

◎ 개미무덤 [강의 7]

주가가 크게 오르고 다시 떨어졌을 때 크게 올라 있는 구간에 개미들이 갇혀 있을 때 그곳을 개미무덤이라 표현합니다. 개인투자자들이 주식투자에서 자주 손실을 보고 고점 매수를 하는 경우가 많아 생긴 '서글픈' 말입니다.

황족의 심화해설
강의 영상!

✅ 지지선 [강의 8]

차트에서 해당 주가만큼 떨어지지 않거나 잠깐 떨어지고 다시 올라올 때 그 가격대를 지지선이라고 합니다. 시세를 유지해주는 기간이 길고 튼튼할수록 강한 지지선으로 보며, 짧은 기간에는 단기 지지선으로 봅니다.

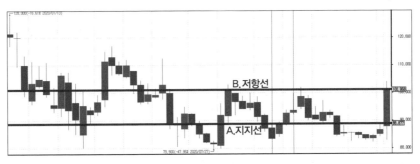

지지선을 흔히 저점 체크로 보고, 저항선을 고점 체크로 생각합니다. 저항대를 뚫고 지지하면 지지선으로 바뀌고, 반대의 경우 지지선이 저항대로 변하기도 합니다.

황족의 심화해설
강의 영상!

✅ 저항선 [강의 9]

차트에서 해당 주가 이상으로 올라가지 못하고 하락할 때 그 가격대를 저항선이라고 합니다. 오르지 못하는 기간이 길어질수록 강한 저항선으로 보며, 짧은 기간에는 단기 저항선으로 봅니다. 이러한 지지선과 저항선이 깨지지 않는 상태를 유지할 때 박스권이라 부릅니다.

황족의 심화해설
강의 영상!

✅ 생명선 [강의 10]

차트의 보조지표에서 20일선을 생명선이라 부릅니다. 또는 지지선 아래의 지지선, 저점 지지선을 생명선이라 부르기도 합니다. 주가에서 생명이란 상승할 수 있는 생명력을 의미하며, 이것이 살아날 수 있는 구간과 생명력이 남아 있는 최후의 지점을 생명선이라고 합니다.

매도를 견뎌낼 수 있는 최후의 지지선으로 생명선을 표현하기도 합니다. 그만큼 저점 매수세가 나올 것으로 기대할 수 있는 지점입니다.

황족의 심화해설
강의 영상!

✅ 세력선 [강의 11]

차트의 보조지표에서 240일선을 세력선이라 부르는데, 저점 매집 구간으로 분석하기도 합니다. 많은 물량을 가지고 있는 투자자들이 저점에서 차분히 모아가고 이를 통해 주가가 그보다 상승했을 때 240일선 구간을 세력선으로 보고 '매집이 굉장히 잘 되어 있는 평단가'로 해석합니다. 240일선을 돌파하고 주가가 유지되면 추가 상승을 전망하기도 하고, 반대로 이탈이 나오면 새로이 매집을 하거나 매집을 포기했는지 분석의 방향을 잡을 때 참고합니다.

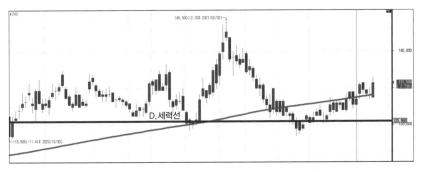

세력선은 일반적으로 안정적이게 모아갈 수 있는 가격대를 의미합니다. 대량 매집을 하기 좋고, 상대적으로 높은 수익률을 가질 수 있는 지점입니다.

황족의 심화해설
강의 영상!

☑ 매집선 [강의 12]

차트의 보조지표에서 20일선을 생명선이 아닌 매집선이라 부르기도 합니다. 짧지 않은 기간 동안 거래가 유지된 구간의 시세이기 때문인데 '평균 매수 평단가'로 해석하기도 합니다. 혹은 지지선과 저항선 사이를 매집선으로 보기도 합니다. 이때 거래량이 평균에서 평균 이상이어야 매집선으로 보는데, 투자자마다 보는 방식이 모두 다릅니다. 매집이 주로 되어 있는 구간으로 이해하면 되겠습니다.

황족의 심화해설
강의 영상!

☑ 추세선 [강의 13]

차트의 보조지표에서 5일선을 추세선이라 부릅니다. 짧은 기간 동안 주가가 상승중인지, 하락중인지 등 방향을 파악할 수 있는 구간입니다. 5일선이 이탈되면 단기적 추세가 깨진 것으로 보기도 하나, 모두 참고지표일 뿐입니다. 또는 우상향이 시작되기 이전의 지지선을 추세선으로 해석하기도 합니다. 분석하는 방식은 모두 다르나 앞으로의 추세, 주가 방향을 확인하기에 용이한 차트 구간으로 이해하면 되겠습니다.

강한 매수와 매도가 나올 수 있는 지점을 추세선으로 표시할 수 있습니다. 주식은 추세가 매우 중요하고, 종목마다 달라 미리 체크를 해두어야 합니다.

황족의 심화해설
강의 영상!

⊘ 바닥 [강의 14]

저점을 은어로 바닥이라 표현합니다. 매수하기 좋은 구간이 되기도 하고, 접근하면 안 되는 구간이 되기도 합니다. 저점 중의 저점을 바닥으로 봅니다.

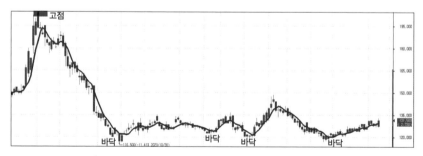

바닥은 얼마든지 달라질 수 있습니다. 하지만 비슷한 바닥 지점에서 반복적으로 버텨준다면 좋은 매수 타점으로 해석할 수 있습니다.

✅ 지하실

'바닥인 줄 알았는데 그보다 더한 바닥이 있네?' 저점의 저점 이상으로 떨어질 때 지하실이라 부릅니다. 바닥 중의 바닥을 지하실이라고 합니다.

황족의 심화해설
강의 영상!

✅ 쌍바닥 [강의 14]

차트 상 비슷한 구간의 바닥이 2번 출현했을 때 그곳을 쌍바닥 구간이라 부릅니다. 이때 바닥의 저점이 서로 비슷해야 하며, 쌍바닥을 보는 이유는 그 지점을 지지선으로 지켜주었다고 해석하기 때문입니다. 지하실로 가지 않는 경우입니다. 지하실이 2번 나타났을 때도 쌍바닥이라고 표현합니다.

황족의 심화해설
강의 영상!

✅ 다중바닥 [강의 14]

쌍바닥과 같은 의미이지만, 바닥이 2번 이상 출연했을 때 다중바닥이라 부릅니다. 쌍바닥을 대신해서 다중바닥이라고 말하기도 합니다.

황족의 심화해설
강의 영상!

✅ 개미털기 [강의 15]

주가가 고점을 달성한 상태에서 고점 이상으로 오르지 않은 채 등락을 하며 손절을 유도하고, 이후에 주가가 상승할 때 '개미를 털고 올라갔다'고 표현합니다. 주식에서 개인투자자들이 손절하면 주가가 오르는 경우가 많은데, 그러한 심리를 역이용해 손절되는 물량을 모아갑니다. 실제로 그렇게 되는 건지 확인하긴 어렵지만 통상적으로 그렇게 이해하고 있으며, 어휘 상 개인투자자들이 손절하고 주가가 다시 상승을 시작할 때 '개미털기가 되었다'고 말합니다. 또는 거래량이 적은 상태에서 주가가 떨어지면 매물이 남아 있다고 판단해 '개미털기'라고 분석하기도 합니다.

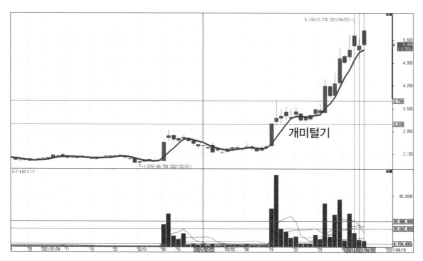

주가가 오르다가 잠깐 하락하고 다시 상승합니다. 이때 하락한 지점을 개미털기로 볼 수 있습니다. 개미털기의 목적은 부족한 주식수를 채우기 위함입니다.

✔ 설거지 [강의 16]

설거지는 앞에서 소개한 개미털기와 반대의 의미입니다. 주가가 고점을 달성한 상태에서 고점 이상으로 오르지 않고 오를 것처럼 주가가 움직이다가 갑작스레 급락이 나오거나 우하향을 보일 때 '설거지가 되었다'고 표현합니다.

이렇게 설거지가 나오는 이유는 세력이 가지고 있는 물량을 다른 투자자들에게 비싸게 팔기 위한 것으로 해석됩니다. 즉 매수를 유도하고 크게 매도하는 패턴입니다. 거래량이 많은 상태에서 주가가 떨어질 때 설거지의 전조로 분석합니다.

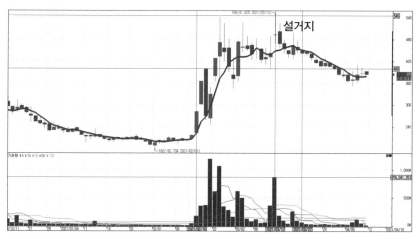

최대한 많은 물량을 개미들에게 비싸게 팔기 위해, 즉 설거지를 하기 위해 나오는 차트입니다. 고점에서 반복적으로 주가 등락이 있고 거래량이 많다면 설거지를 의심해봐야 합니다.

황족의 심화해설
강의 영상!

◐ 슈팅 [강의 17]

주가가 급등할 때 '슈팅 나왔다', '슈팅중이다' 등으로 표현합니다. 다른 말로 '출발했다', '시동 걸었다', '튄다', '쏜다' 등 다양한 표현들이 있습니다.

◐ 뛰다

'뛰다'는 주가의 급등이 발생했을 때 쓰이는 말입니다.

이노션의 일봉 차트입니다. 2020년 12월 4일부터 2021년 4월 9일까지의 시세가 표시되어 있습니다. 차트에 지지선과 저항선을 그어보세요. 그리고 나만의 박스권·매집선·바닥 등 표기할 수 있는 선과 구간을 모두 그려보시고, 얼마에 매수할지 가상으로 정하고, 이 책을 읽고 있는 당일 주가와 차트 시세를 확인해보세요. 이후 2개 이상의 종목에 대입해보고 기간을 정해 주가의 움직임을 관찰해보세요.

보조지표의
종류

보조지표는 주식투자에서 참고할 수 있는 다양한 기술적 지표를 의미합니다. 보조지표의 종류는 굉장히 다양한데, 과거에 쓰인 것과 현재 주로 쓰이는 지표들 위주로 보겠습니다.

다만 보조지표는 어디까지나 투자 참고용으로 만들어지고 쓰이고 있으므로 맹신해선 안 되며, 필요한 것들만 정리해서 적당하게 활용하는 것이 좋습니다. 보조지표는 투자 승률을 높일 수 있는 도구가 될 수 있지만 완벽한 투자를 만들어주진 않습니다. 거듭 강조하건대 보조지표는 어디까지나 참고지표로만 활용하기 바랍니다.

✅ OBV [강의 18]

OBV는 거래량을 전제로 주가 방향을 분석할 수 있게 만들어진 기법입니다. OBV가 상승하면 매수 우세이고, OBV가 하락하면 매도 우세입니다. 주가는 하락하고 OBV가 올라가면 매집을 의심해야 하고, 주가는 올라가고 OBV가 내려가면 설거지나 먹튀 등의 매도 기법을 의심해야 하며, 주가가 눌림인데 OBV가 상승하면 박스권 매집을 의심해야 합니다.

매수 심리를 확인할 수 있는 보조지표이기 때문에 사용자들이 많습니다. 하지만 심리가 좋다고 필연적으로 주가 상승이 일어나는 것은 아니므로 참고만 해야 합니다. 저의 경우 주가 움직임을 예상하기 어렵거나 시장이 좋지 않을 때 분할 매매용으로 참고합니다.

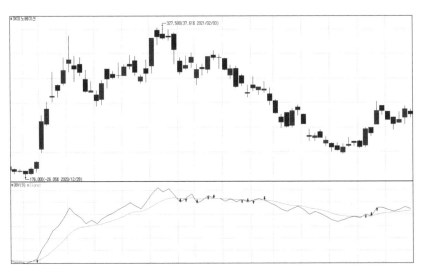

OBV는 별 움직임이 없어도 주가의 등락이 큰 모습을 볼 수 있습니다. 주가가 크게 움직이고 나서야 OBV의 움직임이 커졌습니다.

✔ PVT [강의 18]

PVT는 OBV를 발전시킨 형태로, 매집과 관련된 시장 분석을 도와줍니다. PVT가 하락하면 매집된 물량의 이탈 가능성을 보여줍니다.

반면에 PVT가 상승하면 대량 매수가 나온 것으로 의심할 수 있고, 매집이 견고하게 버티고 있는 것으로 참고할 수 있습니다. PVT가 크게 상승하고 이후 하락을 하면 매집된 물량이 상대적으로 매도되고 있는 것으로 생각할 수 있는데, 이때 주가의 움직임이 PVT의 움직임과 다르게 변동이 클 수 있습니다. 즉 PVT 상승 전 주가가 2만원이고 상승 이후 3만원이 됐다고 가정했을 때 다시 2만원으로 돌아갔다고 PVT도 이전과 동일하게 무조건 돌아가는 것이 아닙니다. 다르게 표시될 수 있습니다.

주가가 크게 올랐을 때 PVT 역시 상승했으나, 상승 이전으로 돌아갔을 때 PVT는 비례하지 않고 있습니다. 즉 주가와 PVT는 무조건 비례하는 건 아닙니다.

황족의 심화해설
강의 영상!

✔ RSI [강의 19]

RSI는 정해진 기간 동안 주가의 변화를 분석해 매매 구간을
분석해주는 지표입니다. 70% 이상이면 매도 권장 신호이고,
30% 이하는 매수 권장 신호입니다.

이렇게 신호가 나오는 이유는 RIS는 상대강도지수이기 때
문입니다. 100을 기준으로 두고 70% 이상일 땐 매수하는 세력이 많은 것으
로 볼 수 있고 반대로 30% 이하면 매도하는 세력이 많은 것으로 해석합니다.
현재 주가가 고점인지 저점인지 확인할 때 용이하게 쓰입니다. 주가 추세를
파악하고 매매 타점을 잡을 때 많이 쓰이는 보조지표입니다. 이때 100의 절
반인 50%는 지지선 혹은 저항선을 의미하며 추세 전환 지표로 볼 수 있습니
다. 70~30% 사이에서 등락이 클 때 단타 타점을 잡기도 합니다.

RSI의 지표가 등락이 클수록 주가의 등락 역시 크다는 것을 알 수 있습니다. 매집이 많이 됐으나 RSI가 낮을 때
장기 종목 후보로 놓기도 합니다.

✅ RMI [강의 19]

RMI는 RSI 지표의 발전 형태로, 추세 전환 시점을 분석해 매매 타점을 도와주는 기술 지표입니다. 70% 이상이면 매도 신호이고, 30% 이하는 매수 신호입니다.

RSI와 마찬가지로 주가 추세를 분석할 때 사용합니다. 흔히 RMI로 과매도 상태인지 과매수 상태인지 확인하는데, 눈에 보이는 파동이 크기 때문에 RSI보다 더 쉽게 눈으로 해석할 수 있다는 장점이 있습니다. 70% 근처에 도달했다가 잠시 하락하면 지지선을 보는 것이 좋습니다.

또한 갑작스러운 주가의 급락이 있었을 때 RMI가 하락해 매수 신호가 발생합니다. 반대로 주가의 급등이 발생하면 RMI 역시 크게 상승해 매도 신호를 보냅니다. 예상하기 어려운 등락에 기술적으로 대응하기 좋은 지표로 쓰이기도 합니다.

상대 모멘텀 지표로 RSI는 현재 주가와 전일 주가를 비교하지만, RMI는 현재 주가와 N일 전의 주가를 비교해서 나타낸다는 차이점이 있습니다.

✅ MFI [강의 20]

MFI는 RSI 지표의 발전 단계로, 기존 RSI 지표에 거래량을 포함해 새롭게 만든 기법입니다. 80% 이상에서 매도 권장 신호를 알려주고, 20% 이하는 매수 권장 신호를 알려줍니다.

돈이 들어오고 나가는 것을 알려주는 지표이기 때문에 MFI 지표가 올라가면 그만큼 돈이 많이 들어왔다는 것으로 해석합니다. RSI와 비슷하게 사용되는데, 차이점이 있다면 종목에 들어온 돈을 수치화시킨 기술 지표이기 때문에 MFI가 많이 올랐다고 무조건 매도 신호로 보면 안 된다는 것입니다. 돈이 추가적으로 더 들어올 수도 있으며 '가는 놈이 더 간다', '크게 갈 종목은 쉬지 않고 달린다'는 말이 있는 만큼 고점을 해석하는 방향을 중점으로 보기보단 해당 종목에 들어온 돈의 규모로 해석해야 합니다.

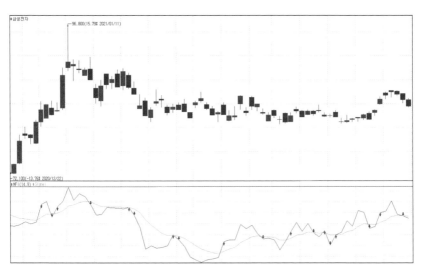

MFI는 후행성 지표로 활용됩니다. 어디까지나 권장 신호로 받아들여야 합니다. MFI는 RSI와 비슷하므로 둘 중 하나만 사용하는 것이 일반적입니다.

황족의 심화해설
강의 영상!

⊘ 스토캐스틱 [강의 21]

스토캐스틱(Stochastics)은 주가의 하락이나 반등의 움직임이 언제 나올지 분석할 때 도움을 주는 지표입니다. 20% 이하일 때 매수 신호이고, 80% 이상일 때 매도 신호입니다.

스토캐스틱은 슬로우와 패스트로 나누어져 있습니다. 일반적으로 사용하는 것은 스토캐스틱 슬로우입니다. 다른 지표와 달리 선행성이란 특징을 가지고 있어서 길게 투자하고 싶을 때 분석 지표로 사용합니다. 단기 지표로 활용하기 어려운 이유는 갑작스러운 주가 변동이 발생했을 때 단기적인 결론이 나올 때가 많기 때문입니다. 흔히 지표가 기준선에 도달하거나 돌파하면 단기과열로 보고 매도 신호로 해석하는데, 잠깐의 주가 변동이 생기면 곧바로 매수 신호로 바뀝니다. 스윙 투자자에게 적합합니다.

스토캐스틱은 가장 많이 쓰이는 보조지표 중 하나입니다. 차트의 모양과 흡사하게 움직인다는 장점이 있습니다. 그만큼 분석이 쉬운 이유입니다.

✔ DMI [강의 21]

DMI는 주식의 추세를 분석해 매매 타점을 잡아주는 분석 지표입니다. 빨간선은 고점 신호이고, 파란선은 저점 신호입니다. 더 위에 있는 선이 신호의 주도권을 갖습니다.

시장방향성을 볼 때 자주 쓰입니다. 전일 대비 현재가의 고가, 저가, 종가의 최고값을 활용하는 지표입니다. +DI와 −DI로 표시합니다. 두 선이 교차할 때 매매 신호로 해석하고, +DI가 −DI를 돌파하면 매수 신호, -DI가 +DI를 돌파하면 매도 신호로 봅니다. 상승 추세일 경우 전일 고가보다 당일 고가가 높다고 판단하며, 하락 추세일 경우 전일 저가보다 당일 저가가 더 낮다고 해석합니다. 추세 지표이므로 단기·장기에 모두 사용할 수 있습니다. 흔히 DMI 지표는 정확도를 위해 ADX와 함께 사용합니다.

DMI는 빨간색과 파란색의 선이 교차하고 파란색 선이 우위를 가지면 주가가 하락하고 있음을 보여줍니다. 교차점에 있을 때 추세 전환 가능성을 봅니다.

❤ MACD [강의 22]

MACD는 주식의 추세를 분석해 주가의 움직임을 분석하는 지표입니다. 빨간선이 위에 있으면 우상향 신호이고, 파란선이 위에 있으면 우하향 신호입니다.

이동 평균 수렴 확산의 의미를 가집니다. 가장 많이 사용하는 기술 지표 중의 하나입니다. 단기 이동평균선의 차이를 통해 추세를 분석하는데, 단기 이동평균선이 장기 이동평균선을 돌파하면 우상향 추세로 해석하고, 반대로 장기 이동평균선이 단기 이동평균선을 돌파하면 우하향 추세로 해석합니다. 장기 투자를 할 때 참고하기 간편합니다. 두 선이 교차하고 빨간선이 올라가면 매수 신호로 보고, 파란선이 올라가면 매도 신호로 봅니다. 주가 횡보 기간이 길어지면 큰 움직임을 보이지 않습니다.

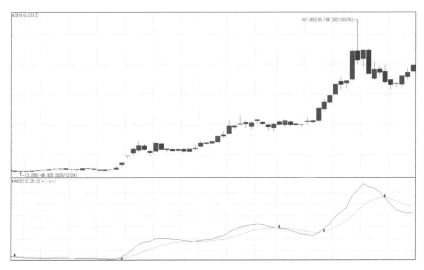

양봉이 많고 횡보를 할 땐 MACD 상 매수 신호가 자주 나오고, 반대의 경우에는 매도 신호가 자주 나옵니다. 일반적으로 장기 투자에 유리한 보조지표입니다.

⊘ CCI [강의 22]

CCI는 평균 주가를 분석해 현재 시점에서 매매하기에 적합한지 판단을 도와주는 기술 지표입니다. CCI 0을 기준으로 주가는 상승하고, CCI 하락 시 우하향 신호로 주가는 내려가며, CCI 상승 시 우상향 신호로 주가는 올라갑니다.

주가 움직임의 이동 평균 값의 차이를 통해 일정 기간의 평균값에서 얼마나 차이가 있는지 변동성을 지표로 보여줍니다. 추세의 방향과 강도를 확인할 때 좋습니다. 일반적으로 CCI 값이 +100 이상이면 과매수 구간으로 보고, −100 이하이면 과매도 구간으로 해석합니다. CCI의 값이 클수록 추세의 강도가 크다고 볼 수 있습니다. 단기 추세를 주로 보고 시세 강도를 중점으로 보기 때문에 단기 매매를 하거나 선물 매매를 할 때 활용하는 경우가 많습니다.

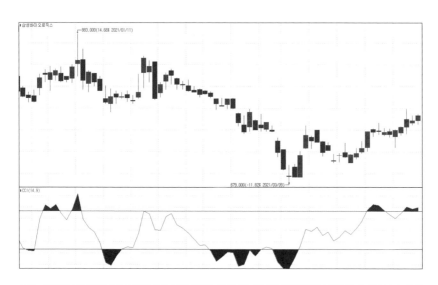

CCI는 일반적으로 단기 매매 타점을 위한 보조지표로 쓰입니다. 주가의 추세와 변동성을 볼 수 있습니다. 속도가 빠른 종목에 쓰기에 유리합니다.

✅ 엔벨로프 [강의 23]

엔벨로프(Envelope)는 주가의 박스권에서 바닥을 터치하고 추세 전환 시점을 분석할 때 사용되는 기술적 지표입니다. 엔벨로프 선은 하한선(지지선)만 설정하고 '이평기간 20일, 상한율 20%'로 설정합니다. 이후 엔벨로프 선과 겹치면 주가는 바닥일 가능성이 높으며, 겹친 선에서 완전히 벗어날 때가 상승 추세 전환 신호로 해석합니다.

'주가는 회귀한다는 성질을 가지고 있다'는 기준으로 만들어진 지표로, 엔벨로프 선에 캔들이 닿았을 때 강한 매수 신호로 해석합니다. 겹치지 않더라도 선의 움직임이 위쪽을 향하면 긍정적으로 보고, 아래쪽을 향할 땐 부정적으로 해석하며, 선과 가까울수록 주가가 바닥일 가능성이 높습니다.

일반적으로 엔벨로프 선과 지지선이 닿는 경우가 적기 때문에 파동을 주로 봅니다. 이평선으로 가장 많이 쓰이는 지표 중의 하나입니다.

☑ 프라이스 오실레이터 [강의 24]

프라이스 오실레이터(Price Oscillator)는 단기 이평선과 장기 이평선을 서로 비교 분석해 주가의 추세를 분석하는 데 도움을 줍니다. Price Oscillator +0 돌파 시 매수 신호 및 우상향 신호이며, −0 이탈 시 매도 신호 및 우하향 신호입니다.

모멘텀 지표라고 보면 되며, 단타보단 스윙 이상의 긴 투자에 유리합니다. 0과 가까울 때 추세 전환 신호로 해석합니다. 단, 주가가 이미 크게 떨어지고 난 다음에 −0 이탈로 표시될 때가 많아 단기 매수로 대응하기엔 어려움이 있습니다. 매집하거나 분할 매도를 할 때 활용하는 게 유리할 수 있습니다. 0과 가깝게 위치했을 땐 섣불리 매매 신호로 받아들이지 말고 주가가 바닥에 가까운지, 상승과 하락 중 어디가 더 우위에 있는지 봐야 합니다.

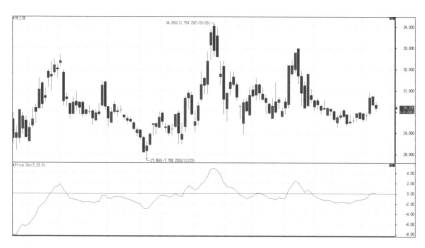

프라이스 오실레이터는 단기보단 중기적 주가 흐름을 보기에 좋습니다. 일반적으로 우량주를 투자할 때 주로 쓰입니다.

✅ 볼린저밴드 [강의 25]

볼린저밴드는 주가의 박스권 움직임을 파악하고 앞으로의 방향을 분석할 때 쓰이는 기술 지표입니다. 적중률이 높아 많은 투자자들이 사용합니다. 볼린저밴드는 상한선, 중심선, 하한선으로 되어 있는데 상한선을 돌파하면 매도 신호이고, 이탈하면 매수 신호입니다. 굵은 주황선이 상한선, 초록선이 중심선, 파란선이 하한선입니다.

주가의 변동을 중점으로 분석하라고 만들어진 지표이기 때문에 이평선 대신에 쓰는 투자자들이 많습니다. 하한선을 이탈하지 않고 지켜주면 매수 신호로 받아들이며, 중심선을 추세선으로 해석해서 중심선을 이탈하지 않으면 홀딩 권장으로 볼 수 있습니다. 개인이 설정하기에 따라 분석을 다르게 할 수 있어 응용이 쉽습니다. 또한 볼린저밴드의 범위가 박스권을 수치화 한 것이기에 위기관리에 능하지만, 상한선 이상의 수치 계산은 어려워 상한선 돌파 이후의 주가 흐름을 보기엔 어려움이 따릅니다.

볼린저밴드는 박스권의 의미가 크기 때문에 참고할 경우 손절가를 꼭 정해야 하며, 상한선 이상의 데이터가 부족하므로 우상향 종목에는 약합니다.

❂ 이격도 [강의 25]

이격도는 주가와 이동평균선을 비교해 박스권 움직임을 분석할 수 있는 기술적 지표입니다. 이격도는 5일선부터 60일선으로 나타나는데, 5일선과 10일선이 100을 기준으로 100보다 높으면 매도 신호이고, 100보다 낮으면 매수 신호입니다. 20일선은 106보다 높으면 매도 신호이고, 98보다 낮으면 매수 신호입니다. 60일선은 110보다 높으면 매도 신호이고, 98보다 낮으면 매수 신호입니다.

박스권의 움직임을 분석하는 것으로, 단기보다 스윙 이상의 투자에서 주로 사용합니다. '주가는 이동평균선으로 다시 돌아온다'는 개념을 가지고 있다고 생각하는 지표로, 이동평균선과 함께 사용해야 더 효과적입니다.

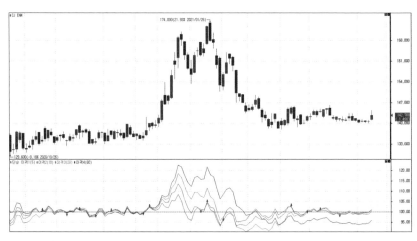

이격도는 투자자들이 가장 흔하게 사용하는 보조지표입니다. 일반적으로 침체와 과열의 상태를 분석하기 위해 사용합니다.

⊘ VIX 공포 지수

VIX 공포 지수는 VIX 지수로 변동성 지수, 공포 지수로도 불립니다. VIX가 상승하면 지수 하락 신호이고, VIX가 하락하면 지수 상승 신호입니다. 미국 시카고 옵션 거래소에 상장된 S&P500 지수 옵션으로 향후 30일간의 변동성에 대한 시장의 기대치입니다. VIX 지수가 20 이하이면 '과매수가 되고 있다'는 신호이며, '주가 변동성이 낮다'는 의미입니다. 40 이상이면 '과매도가 되고 있다'는 신호이며, '주가 변동성이 크다'는 의미입니다. 30 근처의 경우 변동성이 있는 수준입니다.

그런데 VIX 지수가 40 이상이라고 해서 무조건 하락하는 것은 아니며, 오히려 과매수가 들어와 강한 반등장이 나올 가능성도 있습니다. 즉 시장 상황에 따라 분석이 달라집니다. 하지만 공포 지수이므로 VIX 지수가 멈추지 않고 가파르게 오르면 투자 주의를 고려해보면 좋습니다. 2008년 금융위기 당시에 VIX 지수가 최대 89 근처까지 도달했습니다.

⊘ 필라델피아 반도체 지수

필라델피아 반도체 지수는 필라델피아 증권 거래소에서 30개의 반도체 주식들을 모아 반도체 업종 지수값으로 만든 반도체 지수입니다. 미국의 반도체 주가 움직임을 파악하기 좋은 분석 지표로, 한국의 반도체 관련주를 공략할 때 활용합니다. 필라델피아 반도체 지수가 오르면 국내 반도체 주가가 상승한다는 신호이고, 지수가 내려가면 국내 반도체 주가가 하락한다는 신호로 분석합니다.

매매와 관련된
어휘

이번에는 매수와 매도, 즉 매매와 관련된 어휘를 살펴보겠습니다. 실전투자에서 차트는 관찰이라면, 매매는 직접적인 거래와 연결되어 있습니다. 다양한 말들이 존재하는데 그것의 의미를 이해하고 사용하면서 서로 소통할 수 있고, 주식과 관련된 의논을 주고받을 때 참 좋습니다. 실전에서 자주 쓰이는 어휘들인 만큼 이해하기 쉽게 서술했습니다.

✅ 매매

매매는 주식 거래(매수와 매도)의 의미를 가지고 있습니다. 이 어휘 앞에 고유 의미를 가지고 있는 단어를 추가로 넣으면 그에 맞는 어휘로 변하는데 매매에는 크게 바닥 매매, 돌파 매매, 추세 매매, 단기 매매 등이 있습니다. 바닥 매매는 가장 저점일 때 매수에 성공해 수익 가능성이 높은 매매를 의미하며, 돌파 매매는 해당 종목의 고점이 갱신되어 추가로 상승할 때 이야기합니다. 추세 매매는 우상향 중이거나 우상향이 기대되는 상태일 때를 의미하고, 단기 매매는 매수 이후 통상적으로 일주일을 넘기지 않은 상태에서 매도할 때를 의미합니다.

◎단주 매매

단주 매매는 10주 이하의 거래가 빠른 속도로 연속해서 체결되는 경우입니다. 실전투자에서 1주씩 혹은 10주 이하의 체결 내역이 쉬지 않고 발생할 때가 있습니다. 이를 보고 '단주 매매가 시작되었다'고 표현합니다. 프로그램 매매로 인한 자동 단주 거래도 있고, 거래량이 많아 보이게 보이려는 의도로 단주 매매를 하기도 합니다. 또는 투자자들끼리 신호 전달의 방법으로도 단주 매매가 쓰일 수 있고, 최대한 싸게 매수하기 위해 단주 매매를 하기도 합니다. 다양한 이유들이 존재하겠지만 단주 매매 이후 주가가 하락하는 경우가 많아 반기지 않는 투자자들이 많습니다. 반대로 주가 급등 이전에 단주 매매가 발생하기도 하므로 어떤 연유로 단주 매매가 발생하고 있는지 체크하는 것이 중요합니다.

◎매물

매물은 호가창에 쌓인 물량이나 차트 상 예상 가능한 보유량 등 투자자들이 가지고 있거나 거래 가능한 주식수를 의미합니다. '매물이 많다', '매물대가 튼튼하다'는 말은 특정 구간에 쌓인 주식수가 많거나 거래 가능한 물량이 많은 경우인데, 그중에서도 윗매물은 차트와 호가창에서 위쪽 방향의 매물을 의미합니다. 윗매물이 많다는 건 매도를 대기하는 투자자가 많다는 이야기입니다. 반대로 아랫매물은 아래쪽의 매물을 의미하며, 매수를 대기하는 투자자가 많다는 이야기입니다.

실망매물이라는 단어도 있습니다. 이것은 주가의 움직임이 지루하거나 원하는 기간 동안 만족스러운 상승이 발생하지 않았을 때 실망한 투자자들의 매도 가능성이 큰 물량을 의미합니다.

황족의 심화해설 강의 영상!

◎ 물량 소화 [강의 26]

특정 구간의 물량이 지속적으로 매매될 때 물량 소화, 매물 소화라고 말합니다. 다른 말로 물량 흡수, 매물 흡수라고도 말하는데 흔히 매집으로 의심될 때 덧붙이는 경우가 많습니다. '저점에서 물량을 흡수하고 있다', '고점에서 물량을 소화하고 다시 올라갈 준비를 하고 있다' 등 대체적으로 긍정적인 상황을 기대할 때 쓰이는 말입니다.

◎ 비중관리

비중관리는 보유중인 주식수를 관리하는 것을 의미합니다. 투자한 종목의 개수나 종목 내 주식수를 관리합니다. 비중조절이라고도 하는데, 예수금을 챙기거나 평단가를 관리하기 위한 목적 등이 있습니다. 비중관리를 하면 좀 더 효율적이고 안전한 매매를 하기에 편리합니다. 주식을 공부하거나 시황 등을 읽을 때 주로 볼 수 있는 어휘입니다.

⊘ 빚투

빚투는 '빚을 내어 투자하다'의 줄임말로 신용투자를 의미합니다. 통상적으로 주식 초보자라면 빚투는 피하는 것이 상책입니다. 반대 매매로 큰 손실을 볼 수 있고, 주가가 갑자기 폭락을 하게 되면 이를 극복하기가 쉽지 않기 때문입니다. 그래서 '주식은 여윳돈으로 해야 한다'는 격언이 존재하기도 합니다.

⊘ 성투

주식투자를 하다 보면 "성투하세요"라는 말을 자주 들을 수 있는데 '성공투자'의 줄임말입니다.

⊘ 찐투

단기에 그치지 않고 기업에 대한 믿음으로 진지하게 진짜로 투자한다고 해서 찐투라고 말합니다. 가치투자를 하거나 특정 기업을 집중적으로 공략할 때 이 말이 쓰입니다.

⊘ 투매

투매는 멘탈이 붕괴되어 무계획 손절을 하는 것을 말합니다. 폭락장이 반복될 때 더 이상 늦기 전에 현금을 챙기려고 투매하거나 공포감에 투매할 때가 많습니다. 이런 점을 이용해서 물량을 많이 가진 투자자가 의도적으로 투매해서 주가를 하락시키고 투매 나오는 물량을 반대로 매수해 물량을 더 모으는 경우도 빈번하게 발생합니다.

⊘ 패닉셀

주식시장에서 공포감에 휩싸여 투매를 할 때 이를 패닉셀이라고 표현합니다. 주식투자를 할 때 멘탈 관리가 정말 중요합니다.

⊘ 상투와 하투

상한가 근처나 그 정도 수준인 당일 고점 매수를 상투라고 하고, 하한가 근처나 그 정도 수준인 당일 저점 매수를 하투라고 합니다. 초보 투자자라면 당일 급등이나 당일 급락이 나온 종목은 하루 쉬거나 며칠 이상 지켜보고 매매하는 것이 바람직합니다.

⊘ 상따와 하따

상한가에 매수하는 것을 상따라 하고, 하한가에 매수하는 것을 하따라고 합니다. 상따는 다음 거래일에 추가 상승이 기대될 때 합니다. 다만 상승하지 않고 그대로 크게 떨어질 수 있으므로 주의가 필요합니다. 하따를 하는 이유는 과하게 떨어졌다고 판단되어 저점 매수를 하는 것인데, 매수 이후에 바닥의 바닥인 지하실로 가거나 주가가 오르지 않아 손실이 발생할 수 있습니다.

⊘ 던지기

매도자가 늘어나 주가가 큰 폭으로 떨어지고 있을 때 보유 중인 주식을 던진다고 해서 '던지고 있다', '던지기를 하고 있다'라고 말합니다. 갑작스레 악재가 발생했거나 폭락장일 때 '던지기'를 주로 볼 수 있으며 급하게 매도를 하는 경우입니다. 혹은 매도를 한 투자자가 스스로 '던졌다'고 표현하기도 합니다. '국제 정세가 좋지 못해 삼성전자를 던졌습니다.'

⊘ 쓸어담기

쓸어담기는 '던지기'와 반대로, 매수자가 늘어나 주가가 큰 폭으로 상승할 때 바닥에 있는 물건들을 쓸어 담는다고 해서 '쓸어 담고 있다', '쓸어 담는 중이다'라고 말합니다. 혹은 매수를 한 투자자가 스스로 '쓸어 담았다'고 표현하기도 합니다. '반도체 수요가 급증해서 삼성전자를 쓸어 담았습니다.'

⊘ 털리다

보유하고 있던 종목이 손절 이후 상승했을 때 '먼지처럼 털렸다'는 의미로 쓰이는 용어입니다. 혹은 특정 종목의 주가 움직임이 마치 손절을 유도하는 것처럼 움직일 때, 그런 의심이 들 때 쓰이기도 합니다. '털기', '털렸다', '터는 중' 등 다양하게 변형되어 사용됩니다.

⊘ 추매

추매는 '추가 매수'의 줄임말입니다. 가지고 있는 종목을 추가로 매수한다는 뜻입니다. 추매를 통해 평단가가 떨어지면 물타기이고, 평단가가 올라가면 불타기입니다. 주식 초보자에 가까울수록 추가 매수를 고려해서 주식투자를 하는 것이 안전합니다. 즉 처음에 매수할 때 한 번에 사지 말고 2~3번 이상 나누어서 분할 매수하는 것이 바람직합니다.

⊘ 추격 매수

추격 매수는 급등 중인 종목을 매수하는 것을 의미합니다. 주가가 상승중일 때 급하게 거래하는 방식인데, 확률적으로 급등 이후 하락하는 경우가 많기 때문에 초보 투자자들은 추격 매수를 하지 않는 것이 안전합니다.

✔ 탈출

주식을 하다 보면 매수 이후 주가가 떨어져 팔지 못하는 상황을 자주 접할 수 있습니다. 그렇게 오랫동안 가지고 있다가 주가가 회복해 손절을 피했을 때 탈출이라는 말을 사용합니다.

✔ 기회비용

기회비용은 현재 매수한 종목보다 다른 종목을 매수했을 때 얻을 수 있는 최상의 이익을 의미합니다. 예를 들어 삼성전자와 LG화학 중에 삼성전자를 매수해서 한 달 뒤에 매도했을 때, 삼성전자는 5%의 상승을 기록했고 LG화학은 5%보다 크게 상승했다면 LG화학에 투자해서 벌 수 있었던 비용을 계산하는 것이 바로 기회비용입니다. 흔히 보유 중인 종목을 장기간 가지고 있을 때 투자금이 묶이는 시간만큼을 기회비용이라 칭하기도 하고, 다른 종목을 매수하는 편이 기대할 수 있는 수익이 더 클 때 사용합니다.

✔ 정찰병

투자하고 싶은 종목 중에 주가의 움직임을 관찰하기 위해 1주만 매수하는 것을 '정찰병을 보냈다'고 하거나 '보초병을 보냈다'고 합니다.

실전투자에서의
소통 어휘

STOCK INVESTMENT
IS INTERESTING!

　2장의 마지막으로, 실전에 주로 쓰이는 어휘들입니다. 기본적으로 알고 있는 편이 소통에 좋고, 주식투자를 즐길 수 있는 방향이 되겠습니다. 쉽게 접할 수 있고 자주 사용되는 어휘들인 만큼 뜻을 기억하면서 말이 생겨난 유래와 어휘 속에 담겨 있는 의미를 이해해 긍정적인 주식투자를 진행하는 것이 좋겠습니다.

◎ 차익실현

보유하고 있던 종목을 매도해 익절에 성공했을 때, 즉 수익 창출이 되는 경우 '차익 실현을 했다', '이익 실현을 했다'고 말합니다. 차익 실현은 투자 심리와 밀접한 관계가 있는데 저점 대비 고점이 높아질수록 주가가 올라가면 올라갈수록, 그리고 장기간 주가가 횡보할 때 기회비용을 고려해서 차익 실현을 하는 투자자들이 늘어납니다. 즉 주식투자를 할 땐 나만의 이익 실현만 고려하는 것이 아니라 해당 종목에 투자하고 있는 다른 투자자들의 매매 심리와 움직임까지 생각해서 포지션을 잡는 것이 유리합니다.

⊘ 휘발성

휘발성이라는 말은 사라지는 뉴스나 이슈를 의미합니다. '휘발성 뉴스다', '휘발성 악재이다' 등 다양하게 쓰일 수 있습니다. 시간이 지나면 자연스레 사라져 주식시장에 영향을 더 이상 주지 않는다는 의미입니다. 단기 악재이거나 해결 가능성이 높은 이슈를 대상으로 이 어휘가 자주 언급됩니다.

⊘ 리스크

리스크는 위험성이 높을 때 쓰이는 단어입니다. 투자에 주의가 필요하거나 확률적으로 손실 가능성이 높은 경우입니다. 주가에 잠깐 영향을 끼치는 단기 리스크라면 그나마 위험성이 낮아지지만, 기업 자체에 큰 영향을 주는 장기 리스크에 해당할 경우 매우 조심해야 합니다.

⊘ 칼손절

칼손절은 '칼같이 손절하다'의 준말입니다. 이 말은 단타 스캘핑에서 주로 쓰이며, 리스크 관리나 현금 관리가 필요할 때 대응 투자의 기본으로 인식됩니다. 기본적으로 매수하고 나서 손실이 −3% 이상일 때 손절하는 것을 의미합니다.

✔ 재료소멸

주가가 상승할 수 있는 기대감이나 모멘텀이 사라졌을 때 '재료가 소멸되었다'고 표현합니다. 여기서 말하는 재료란 호재, 좋은 뉴스, 모멘텀, 펀더멘털 등을 이야기합니다. 쉽게 말해 앞으로 주가가 상승하거나 기업이 발전할 수 있을 만한 내용을 의미합니다. 그러한 재료가 사라져 투자 가치가 떨어졌을 때 재료소멸이라고 말합니다.

복습 문제
012

임상 성공 뉴스가 예상되는 3일 동안 주가가 34% 상승한 A바이오. 공급 계약 공시가 나올 것이란 기대감으로 이틀간 주가가 27% 상승한 B반도체. 세계로 뻗어나가는 국내 최고 뮤지션의 컴백이 다가오고 있으며 5일 동안 주가가 11% 상승한 C엔터테인먼트. 이 중 원하는 뉴스가 나왔을 때 투자를 멀리 해야 하는 종목 순서로 나열하세요.

✔ 불기둥

불기둥이라는 말은 지수나 주가가 지속적으로 상승하면 캔들 차트에서 대부분이 양봉이고 붉게 표시되는 모습이 불기둥을 닮은 데서 유래되었습니다. 우상향하는 상승장이나 전체적으로 주가가 크게 오르는 대상승장 시기에서 이 말이 주로 쓰입니다. 이러한 불기둥에서도 주가의 변화가 거의 없는 종목은 투자를 계속 유지할지 면밀히 검토해보는 것이 좋습니다.

✔ 물기둥

물기둥은 불기둥과 정반대입니다. 지수나 주가가 지속적으로 하락하고 캔들 차트에서 대부분이 음봉일 때 파랗게 표시된 종목들이 많아 물기둥이라 말합니다. 하락장이나 폭락장 등 우하향하는 시장에서 주로 만날 수 있습니다. 이러한 물기둥에서도 주가가 하락하지 않고 버텨주거나 약소한 하락을 보이는 종목은 긍정적인 방향으로 눈여겨볼 필요가 있습니다.

✔ 주가 파워

주가 파워란 말은 주가 상승이 꾸준히 되거나 시장이 좋지 않아도 시세를 지켜주는 좋은 종목에게 붙는 단어입니다.

✔ 시그널

시그널은 상승 시그널과 하락 시그널로 나누어집니다. 신호라고 해석을 할 수 있으며, 주가 등락에 영향을 주는 특정 사건이나 뉴스거리가 나왔을 때 차트 상 패턴이 나온 경우입니다.

✔ 불장

불장은 '불기둥 시장'의 줄임말로, 상승중인 종목이 대부분인 상승장을 의미합니다. 주식시장에서는 주가의 상승을 불에 자주 빗댄다는 사실을 알 수 있습니다.

✔ 물장

물장은 '물기둥 시장'의 줄임말로, 하락중인 종목이 대부분인 하락장을 의미합니다. 주식시장에서는 주가의 하락을 물에 자주 빗댄다는 사실을 알 수 있습니다.

✓ 돌파와 이탈 [강의 27]

황족의 심화해설 강의 영상!

돌파는 시세 상승이 이어지는 경우이고, 이탈은 시세 하락이 이어지는 경우입니다. 흔히 '돌파 장세다', '이탈 장세다', '시세가 돌파했다', '시세가 이탈했다' 등 다양하게 응용됩니다. 은어처럼 사용되는 말인데, 정말 쉬운 의미를 가지고 있습니다. 먼저 돌파 장세라는 것은 상승장을 의미하는데, 코스피와 코스닥 역시 양봉과 음봉으로 표시할 수 있습니다. 이때 코스피나 코스닥이 양봉인 상태로 전날 고점과 당일 고점을 연달아 갱신하면서 상승세가 이어질 때 돌파 장세라고 말합니다. 반대로 음봉이 된 상태로 전날 저점과 당일 저점을 연달아 갱신하며 하락할 때 이탈 장세라고 말합니다. 돌파 장세는 강한 상승장을 의미하고, 이탈 장세는 강한 하락장을 의미합니다.

✓ 추세 [강의 27]

황족의 심화해설 강의 영상!

추세는 주가가 꾸준히 상승하거나 그럴 가능성이 높은 경우를 말합니다. 흔히 '추세가 좋다', '추세가 나쁘다'라고 표현합니다. 일정한 방향으로 흘러가는 것을 추세라고 말하는데, 거래량이 꾸준히 상승하거나 매수세가 붙어 우상향하거나 주가가 크게 상승하려고 준비하는 듯한 기대감에 쓰입니다. 추세가 좋은 종목을 자주 발굴해 꾸준히 투자하는 것이 수익의 지름길입니다.

기본적으로 주가가 오르려면 매도하는 사람보다 매수자가 많아야 하며, 그러한 투자를 부르는 호재가 필요합니다. 그렇기 때문에 해당 기업의 평균 거래량을 계산하고, 평균 거래량 근처를 잘 유지해주는지 파악하는 것이 중요하며, 매수자가 더 많아 거래량이 늘어날 때가 추세 좋은 종목의 전조라 할 수 있습니다. 하지만 휘발성으로 추세가 좋은 것은 아닌지 분석하고 대비하는 것이 매우 중요합니다. 시세가 꾸준히 오르면 참 좋겠지만 잠깐 오르고 하락하는 경우 또한 많기 때문에 신중한 매매가 필요합니다.

⊘ 탄력

탄력은 추세와 비슷한 의미로 쓰입니다. 주가의 상승세가 뛰어날 때 '탄력이 좋다'고 말합니다. 탄력이라는 말은 시세뿐만 아니라 차트나 거래량에서 사용하기도 합니다.

⊘ 매기가 좋다

매기는 '매수 기운'의 줄임말입니다. 매기가 좋다는 말은 매수 기운이 좋다는 의미로 '매수세가 붙었다'라고도 표현합니다. 즉 매수자가 많아 주가 상승 기대감이 커진다는 말입니다. 곧바로 시세가 오르기도 하지만 체결 내역에서 매도자보다 매수자다 많을 때 주로 쓰입니다. 주식창에서 실시간 거래 체결 내역을 확인할 수 있습니다. 증권사마다 보는 방식이 다르므로 미리 찾아보는 것을 권장합니다.

⊘ 매수세와 매도세

매수세와 매도세는 매수의 세기와 매도의 세기를 말합니다. 즉 강함을 이야기합니다. 매수자가 늘어나 시세가 상승하면 '매수세가 들어왔다', '매수세가 붙었다'라고 말하며, 매도자가 늘어나 시세가 하락하면 '매도세가 들어왔다', '매도세가 붙었다'라고 말합니다.

✓ 보내주다

'보내주다'는 말은 매수를 하려고 마음을 먹었거나 매도 이후에 주가가 크게 올랐을 때, 주가가 떨어져 오랫동안 매도하지 못하던 종목을 매도했을 때 등 매매를 통해 아쉬워진 감정을 토로하는 표현입니다.

✓ 무겁다

'무겁다'는 말은 주가의 움직임이 위아래로 탄력적이지 않고 더디거나 상승 폭이 크지 않을 때, 시가총액이 크거나 유통 주식수가 많아 시세가 횡보하는 경우가 잦을 때 쓰입니다.

✓ 가볍다

'가볍다'는 말은 주가의 움직임이 빠르고 등락폭이 클 때, 시가총액이 작거나 유통 주식수가 적어 주가의 흐름이 안정적이지 않고 상승과 하락이 잦을 때 쓰입니다.

✓ 물렸다

'물렸다'는 말은 매수 이후 주가가 떨어져 매도하지 못하고 투자금이 묶여 있을 때 쓰입니다.

✓ 숨고르기를 하고 있다

숨고르기를 하고 있다는 표현은 현재 주가가 잠시 쉬어가는 중이라는 뜻입니다. '심호흡', '몸을 풀고 있다', '스트레칭', '쉬어가는 중', '휴식중'으로 해석하면 됩니다.

⊘ 쩜상과 쩜하

당일 개장 때 동시호가에서 상한가를 갔을 때 쩜상이라고 하고, 반대로 하한가를 가면 쩜하라고 합니다. 갭상승 상한가와 갭하락 하한가가 있는데, 차트상 점프(생략)를 한 상태를 의미합니다.

⊘ 떡상과 떡락

떡상은 빠른 속도로 시세가 상승했을 때 쓰이는 단어이며, 떡락은 빠른 속도로 시세가 하락했을 때 쓰이는 단어입니다.

⊘급등

급등은 주식의 시세가 급속도로 상승한 경우를 말합니다.

황족의 심화해설 강의 영상!

⊘눌림 [강의 28]

'누르고 있다'는 말은 흔히 눌림이라고 말합니다. 주식의 시세가 상승하지 못하게 위에서 아래로 누르고 있다는 의미로, 상승을 해야 하는 타이밍에서 시세가 오르지 못할 때 자주 쓰입니다. 실전투자에서 굉장히 많이 쓰이는데 차트와 대입하면 '눌림 차트', 구간에 대입하면 '눌림 구간', '눌림목', '눌림대' 등 흔히 볼 수 있는 어휘입니다.

그만큼 시세가 눌리는 경우가 잦은데, 의도적인 눌림을 하는 이유는 개미털기를 통해 매도를 유도함으로써 매도된 물량을 모아 수익의 극대화를 보기 위함입니다. 하지만 개인투자자들은 대개 눌림일 때 버티지 못하고 매도하는 경우가 많고, 눌림이 아니라 하락 추세인데 눈치 채지 못하고 보유하고 있다가 손실을 보는 경우가 자주 일어납니다.

실전에서 눌림의 구분은 참 어렵습니다. 거래량이 많지 않으며, 재료가 죽지 않았고, 직전 최고 거래량을 갱신하지 않은 상태에서 장대 음봉이 나오지 않으면 좋은 눌림으로 판단합니다. 하지만 이런 내용이 100% 맞는 건 아니므로 투자 중인 기업에 대해 누구보다 잘 알고 있어야 후회 없는 바람직한 판단을 내릴 수 있습니다.

⊘ 따상

공모주는 공모가 대비 100~200%까지 시작가가 형성되는데, 100% 이상의 시작가를 형성한 상태에서 상한가를 가는 경우를 따상이라고 말합니다. 공모주만 해당하며, 130% 상승을 따상이라고 말하고, 추가 30% 상승을 하면 따상상(따따상)이라고 합니다. 반대로 하락하면 따하, 따하하(따따하)라고 합니다.

⊘ 물타기

물타기는 추가 매수를 통해 평단가가 낮아진 것을 말합니다.

⊘ 불타기

불타기는 추가 매수를 통해 평단가가 높아진 것을 말합니다.

⊘ 반토막

투자금이 절반 이상 줄어들었을 때 '반토막 났다'고 표현합니다. 매도를 통해 예수금이 절반 가까이 손실이 났거나 보유하고 있는 종목의 평가손익이 절반 이상 손실중일 때 쓰입니다. 참고로 −50%의 손실을 보게 되면 +100%의 수익이 필요한 만큼 손실이 커지기 전에 바람직한 결정을 내리는 것이 중요합니다. 주식은 −20%부터 복구가 어려워지는 구조로 되어 있습니다. 예를 들어 A라는 종목을 100만원어치 매수하고 이후 −50%가 되어 50만원이 남은 경우, 다시 100만원이 되려면 50만원의 수익이 필요합니다. 즉 남은 50만원으로 2배 수익을 내야 투자금 복구가 가능하다는 이야기입니다.

주식 초보자들에게 꼭 건네고 싶은 팁은 처음 진입할 때 오랫동안 보유할 수 있는 종목은 꼭 2회 이상의 분할 매수를 하고 필요할 때 본절하거나 평가 손익 상 손실이 깊어지기 전에 분할 매도를 고려해 리스크 관리를 하라는 것입니다. 처음부터 짧게 보려고 했던 종목은 칼손절을 하는 것이 안전할 수 있습니다.

보통 손절을 반복하면 손실이 쌓이고 수수료 때문에 손해가 커질 수 있다고 생각하지만 그게 아닙니다. 손실 폭이 작을수록 만회하기 쉽지만 −20~−30% 이상 마이너스가 깊어질수록 만회하기가 어려워지기 때문에 필요한 경우에 빠른 결단을 내리는 편이 좋을 수 있습니다. 만일 리스크 관리를 했는데도 손실이 날로 갈수록 깊어진다면 매수 타이밍이나 종목 선정에 문제가 있는 것이니, 다시 처음으로 돌아가 투자 공부를 하고 멘탈을 관리할 것을 권합니다.

⊙ 구조대

구조대라는 표현은 주식의 시세가 하락해 물린 상태일 때 매수세가 붙어 주가가 상승했을 때, 이를 통해 탈출에 성공하게 되었을 때 매수한 사람들을 부르는 말입니다. '구조대 와주세요', '구조대가 오셨습니다' 등 다양하게 쓰입니다.

⊘세력

세력은 주식의 시세에 가장 영향을 많이 줄 수 있는 집단이나 개인을 칭합니다. 같은 말로 주식의 주인을 빗대 주포라고 부르며, 시세에 영향을 주는 모습이 깡패 같다고 해서 형님이나 큰형님이라고 부르며, 우두머리처럼 보여 대장이나 대장님이라고도 부릅니다. 작전주에 세력이 붙으면 작전세력이라 부릅니다. 순식간에 주가를 올려 매수를 유도하고 단번에 매도해 급락이 생기면 작전세력의 행동으로 추정합니다.

주식수가 가장 많은 투자자들, 즉 세력은 주가의 방향에 상당한 영향을 주므로 대량 거래가 진행되었을 때 유심히 관찰해 분석하는 것이 중요합니다. 대주주 지분율 또한 잘 봐야 합니다.

복습 문제
013

주식시장에 세력이 정말로 존재할까요? (◉/⊗)

⊘총알

총알은 곧바로 투자 가능한 돈을 의미합니다.

⊘총알받이

총알받이는 매도 물량을 받아주는 투자자를 의미합니다.

⊘오버나잇

오버나잇은 보유중인 종목을 당일에 매도하지 않고 다음 거래일에 매도하는 것을 말합니다.

✅ 기대감

주가 상승이 가능할 만한 이슈나 모멘텀이 생겨났을 때 투자자는 기대감을 가집니다.

✅ 깡통

투자 손실로 대부분의 투자금을 잃었을 때, 보통 −60% 이상의 손실이 있었을 경우 '깡통 찼다'고 말합니다. 투자금 복구가 거의 불가능하다고 판단되는 수준에 이르렀을 때 빈 깡통을 차는 일밖에 할 수 없다는 의미를 가지고 있습니다. 주식투자를 하면서 가능하면 깡통 차는 일은 결코 있어선 안 되겠습니다. (이 책에서 어휘에 대한 이야기를 중점으로 하고 있지만 사이사이에 명심해야 하는 투자 팁과 투자 주의사항에 대해서도 언급하고 있으니 잘 기억해서 오랜 기간 바람직한 투자를 이어갑시다.)

✅ 운전(핸들링)

운전은 주가 움직임 자체에 대한 어휘입니다. 흔히 주포를 대상으로 표현하는데 '주포의 운전 실력이 뛰어나다(주가가 상승할 때)', '핸들링이 너무 심해서 멀미날 지경이다(등락이 크거나 하락중일 때)' 등 시세 등락과 직접적인 관계가 있을 때 주로 쓰입니다.

✅ 승차감

승차감은 주가 움직임을 택시나 버스 같은 대중교통에 빗댄 표현입니다. 운전과 핸들링이 좋으면 '승차감이 좋다'고 말하고, 운전과 핸들링이 나쁘면 '승차감이 나쁘다'고 말합니다.

⊘층

매수한 평단가를 '층, ~짜'라고 표현합니다. ~짜는 앞자리 숫자에만 붙이는데 2,000원 평단가에도 2짜, 2만원 평단가에도 2짜라고 말합니다. 층 역시 딱히 정해진 기준은 없지만 1,100원 평단가에도 11층이라고 표현하고, 11,000원 평단가에도 11층이라고 표현합니다. 10만원 이상부턴 100층이라 빗대기도 합니다. 핵심은 앞자리 숫자를 표현하는 데 있습니다.

황족의 심화해설 강의 영상!

⊘ 먹튀 [강의 29]

먹튀는 '먹고 튀었다'의 줄임말입니다. 주포나 큰 손 등 대량의 주식수를 가지고 있던 투자자가 전량 매도를 하거나 시세가 크게 하락할 수준의 매도세가 나왔을 때 쓰는 말입니다. '먹튀가 나오면 장대 음봉이 나오거나 대량 거래량에 음봉에 긴 윗꼬리 차트가 형성되는데 이때 피하라'는 주식 기법이 있을 정도로 투자를 하는 분들은 필히 주의해야 하는 사항입니다.

⊘ 순환매

순환매는 특정 섹터나 기업만 시세가 오르는 것이 아니라 한곳이 오르면 다른 곳은 떨어지고 떨어지던 주식이 오르면 오르던 주식이 떨어지는 등의 시세 변동과 거래를 의미합니다. 순환매 시장이라고 하면 주가 상승 기업이 서로 변한다는 소리입니다.

⊘ 전고점

전고점은 직전 최고가입니다. 가장 가깝고 큰 저항대로 해석합니다.

⊘ ~장

지수의 움직임을 기준으로 장을 부르는 단어에 차이가 있습니다. 지수의 등락을 기준으로 보면 되는데, 가장 가까운 조건에 맞는 시장으로 부릅니다.

널뛰기장	등락이 큰 시장
보합장(횡보장)	±0.5% 사이로 움직이는 조용한 시장
상승장	+1.2% 이상 상승하거나 많은 종목이 상승중인 시장
대상승장	큰 폭으로 상승한 시장
하락장	−1% 이상 하락하거나 많은 종목이 하락중인 시장
폭락장	큰 폭으로 하락한 시장
대세 상승장	우상향하는 시장
대세 하락장	우하향하는 시장

⊘ 내수관련주

내수관련주는 국내시장에 의존해 영업을 영위하는 기업이 대상이며, 수출의존이 아니므로 국제 정서보다는 국내 경기와 경제력의 영향을 받습니다. 대표적인 업종으로 건설, 금융, 제약 업종 등이 있습니다.

⊘ 정테주

정테주는 '정치 테마주'로, 선거철에 후보와 관계있는 기업의 주가 상승이 있을 때 해당 기업을 정치 테마주로 분류합니다. 실제로 아무 관계가 없음에도 다양한 이유로 주가가 오르는 경우도 있어 주의 매매가 필요합니다. 정치 인맥주로 불리기도 하며, 선거 재료로 움직입니다.

⊙ 작전주

상승하기 어려운 주식임에도 불구하고 별 이유가 없거나 기업 가치와 밀접한 관계가 부족한 근거로 강한 매수세가 붙어 주가가 오를 때 해당 종목을 작전주라고 표현합니다. 기업 가치 상승 때문이 아니라 수익을 위해 시세를 올려 투자자들을 유도하는 개념입니다. 작전이 끝나고 나면 주가가 크게 하락해 역사적 고점이 형성될 때가 많아서 잘 모르는 투자자들은 작전을 당해 큰 손실을 보곤 합니다. 이해하기 어려운 근거로 주가가 오르면 우선 의심하고, 매매를 하더라도 각별히 주의해서 소액으로 해야 합니다.

⊙ 자산

주식시장에서 자산은 자본과 부채를 합친 값을 의미합니다.

⊙ 베이시스

베이시스는 현물과 선물의 가격 차이입니다. 여기서 현물이란 거래 시 돈을 주고 곧바로 물건을 받는 것을 의미하며, 선물이란 돈을 먼저 지불하고 물건은 나중에 받는 것을 의미합니다. 대표적으로 코스피와 코스닥이 현물 거래이며, 선물 시장에서 하는 거래가 선물입니다.

⊙ 롤오버

롤오버는 선물과 관련한 주식매물을 정리하지 않고 넘어가는 것을 말하며, 차관 만기나 개인 대출 기간을 연장해주는 것도 이에 해당됩니다.

✅ 대주주 지분율

해당 기업의 대주주 지분율로 평균 35% 이내가 적당합니다. 대주주 지분율
이 너무 적은 주식은 주의하는 것이 좋습니다.

✅ 총수익

재무제표에서 총수익은 '매출액+영업외수익'으로 계산하며, 총비용은 '매출
원가+판매비와관리비+영업외비용+법인세비용'으로 계산합니다.

✅ 당기순이익

재무제표에서 당기순이익은 기업이 벌어들이는 순이익을 의미하는데, 한 해
동안의 총수익과 한 해 동안의 총비용을 뺀 값으로 구합니다.

복습 문제
014

제일기획의 일봉 차트입니다. 2020년 11월 2일부터 2021년 2월 17일까지의 시세
입니다. 적절한 매수 타점을 자유롭게 잡아보고, 매도할 평단가와 보유 기간을 정해
2021년 2월 8일부터의 결과 차트를 확인하세요. 주식투자는 매수와 매도도 매우 중요
하지만, 처음에 얼마나 보유할 생각인지 보유 기간을 정해두는 것도 정말 중요합니다.

시황이란 주식 따위가 시장에서 매매되거나 거래되는 상황을 의미하는데, 주식시장의 상황을 요약하거나 분석하는 것을 시황이라 부릅니다. 시황은 인터넷이나 전문가들을 통해 접할 수 있는데, 제대로 이해하기 위해선 기본적으로 시황에서 쓰이는 어휘들의 의미를 바르게 알고 있어야 합니다. 3장에서는 '손바꿈', '골든크로스', '서킷브레이커', '펀더멘털' 등의 어휘를 접할 수 있습니다.

3

주식을 분석할 때
쓰이는 용어와 시황용어

주식을 분석할 때 사용되는 어휘들

STOCK INVESTMENT
IS INTERESTING!

투자보다 중요한 것이 분석입니다. 무계획 매매는 반드시 피해야 합니다. 기업이나 시장의 움직임을 분석하고 해석할 때 즐겨 쓰이는 말들이 있습니다. 가장 애용되는 용어들과 스쳐 지나가듯 보았지만 의미를 제대로 알기 어려웠던 용어들을 모았습니다. 용어 설명으로 끝나지 않고 주식투자 TIP들도 포함하고 있으니 잘 읽어주기 바랍니다.

◎ 상방과 하방

방향이 상승쪽으로 우세하면 상방이라고 하며, 하락쪽으로 우세하면 하방이라고 합니다. 주로 선물 포지션에서 볼 수 있는 말이지만 현물에서도 자주 볼 수 있습니다. '외인이 상방에 베팅하고 있다', '기관이 하방에 베팅하고 있다' 식으로 쓰입니다. 지수와 주가의 등락에 투자자들의 방향을 분석하고 해석하는 데 이 용어를 자주 접할 수 있습니다. 대부분의 투자자들이 하방에 베팅하고 있는데 나 혼자만 상방에 베팅하면 확률적으로 손해를 볼 수 있겠죠? 분석이 중요한 이유입니다.

⊘ 순매수와 순매도

순매수와 순매도는 투자자들의 매매를 합쳐 나온 값입니다. 예를 들어 외국인 순매수 3만주라면 매수와 매도를 합친 값 중에 3만주의 매수량이 더 많다는 의미이며, 순매수 값에서 +3만주로 나옵니다. 반대로 순매도중이라면 마이너스로 표시되고 그만큼 매도량이 더 많았다는 것으로 해석할 수 있습니다. 종목별로, 지수별로 순매수와 순매도를 확인할 수 있습니다.

누적 순매수와 누적 순매도도 볼 수 있는데, 이는 지정한 기간만큼의 매매를 합친 값입니다. 누적 순매수가 많다면 어떤 투자자들이 종목을 모아가고 있는지 확인할 수 있고, 누적 순매도가 많다면 어떤 투자자들이 종목을 팔고 있는지 확인할 수 있습니다.

단, 어디까지나 순매수와 순매도는 통계에 불과하다는 것을 알아야 합니다. 며칠 만에 데이터가 확 달라질 수 있기 때문에 맹신하지 말고 가볍게 참고만 하는 것이 좋습니다.

⊘ 박스피와 박스닥

박스피 혹은 박스닥은 지수상 고점 이상으로 올라가지 않고, 저점 미만으로 떨어지지 않으며, 떨어지더라도 금방 회복하는 상태를 의미합니다. 코스피가 박스권에 갇히면 박스피라고 부르고, 코스닥이 박스권에 갇히면 박스닥이라고 부릅니다. 이때 박스권 시장이라 칭하는데, 국내 주식시장에서 자주 접할 수 있는 시장 상태입니다. 이런 때엔 소수의 종목만 우상향을 하며 나머지 종목들은 박스권에 갇히게 되고 가는 놈만 가는 장세가 이어집니다. 이런 시기에선 박스권 단기 매매가 유리할 수 있는데, 이는 박스권 저점 때 매수하고 고점 근처로 가거나 상승했을 때 단기 이익 실현을 목표로 하는 투자 기법입니다.

✅ 매매동향

매매동향은 투자자들의 순매매 값입니다. 매수와 매도를 합친 값이 계산되어 플러스면 순매수이고, 마이너스면 순매도입니다. 지수별, 종목별로 매매동향을 볼 수 있습니다.

황족의 심화해설
강의 영상!

✅ 악성매물 [강의 30]

악성매물은 주가가 상승하고 크게 하락해 미처 매도하지 못한 투자자들이 많은 구간입니다. 악성매물이 쌓인 해당 구간 근처에 오면 매도자가 급속도로 늘어나게 되는데, 이는 물린 투자자들이 구조대를 기다리며 탈출하고자 하는 심리를 가지고 있기 때문입니다.

이러한 악성매물 구간을 잘 돌파하게 되면 주가는 추세적으로 상승해 전고점 돌파를 기대할 수 있고, 추가 돌파의 가능성이 높아지게 됩니다. 바로 이것이 목표가를 설정하거나 대응 전략을 세울 때 악성매물 구간을 분석하는 이유입니다.

다음은 SK의 일봉 차트입니다. 악성매물 구간과 매수를 피해야 하는 지점을 그려보세요. 추가적으로 매집해도 괜찮아 보이는 박스권 지점을 연결해보시기 바랍니다.

추가적으로 아래는 SK의 2021년 1월 13일부터 2021년 4월 9일까지의 일봉 차트입니다. 같은 방식으로 악성매물과 매수를 피해야 하는 지점을 자유롭게 그리고, 매집해도 괜찮아 보이는 박스권 지점을 연결해보시기 바랍니다. 가상으로 매매를 했다 생각하고 이 책을 읽고 있는 현재 시점의 당일 주가를 확인하고 뉴스 등을 확인해보며 주가의 움직임이 어떻게 변화했는지 분석해보시기 바랍니다.

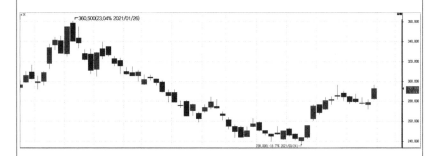

차트는 후행성 지표이지만 이를 통해 선행을 분석할 수 있고 확률을 올릴 수 있는 방법들이 존재합니다. 결과론적으로 나타난 결과들의 통계를 결산해 높은 확률의 매매를 하는 것이 좋고, 이를 도와주는 나만의 분석 기법을 만들어보시기 바랍니다. 거래량도 매우 중요한 지표이니 같이 참고하세요.

◎ 과대낙폭

과대낙폭은 해당 종목의 주가가 과하게 폭락하는 경우를 말합니다. 이런 때엔 저가에 매수하는 투자자들이 늘어나는 심리가 생깁니다. 과대낙폭에는 지수도 포함됩니다. 과대 낙폭 때 투자해서 이익 실현을 보는 기법도 존재합니다.

◎ 라운드피겨 [강의 30]

황족의 심화해설 강의 영상!

라운드피겨는 100원 단위, 1,000원 단위, 만원 단위 등 딱 떨어지는 숫자를 의미합니다. A기업의 주가가 1,560원이라면 1,600원이 라운드피겨가 됩니다. 11,500원의 주가라면 12,000원이 라운드피겨가 됩니다. 라운드피겨를 보는 이유는 딱 떨어지는 숫자이다 보니 매매 심리에 영향을 많이 주기 때문입니다. 라운드피겨 구간에 매도세가 많아질수록 주가 상승이 어렵고, 매수세가 많아지면 지켜주는 시세가 되어주기도 합니다. 즉 상황에 따라 라운드피겨는 매수 심리의 핵심이 되기도 하고, 매도 심리의 중심이 되기도 합니다.

다만 심리적으로 매도 타점에서 라운드피겨 심리에 영향을 가장 많이 받기 때문에 매도 타이밍을 잡기 어려운 분들은 라운드피겨 구간 공부를 해두면 참 좋습니다. 매도세가 많아지고 매수세가 줄어드는 라운드피겨를 기억해두면 그곳에서 익절을 목표로 하는 것이 이상적이고, 해당 구간을 돌파하게 되면 추가 상승의 기회로 볼 수 있기도 합니다. 이 또한 확률에 의존하는 것이지만 투자 심리와 연결되어 있는 만큼 알아둬서 나쁠 것이 없습니다. 종목 분석을 하거나 목표가를 설정할 때 실제로 라운드피겨를 많이 분석합니다. 특히 라운드피겨는 단타 스캘핑 투자를 할 때 많이 참조하며, 천장 돌파 계산을 할 때도 유용하게 쓰입니다.

✅ 손바뀜 [강의 29]

손바뀜은 '주식의 주인이 바뀌었다'는 의미인데 대주주가 다른 사람으로 바뀌었거나 주포, 세력 등 주가에 영향을 가장 많이 주는 투자자가 바뀌었다고 판단될 때 쓰이는 말입니다. '손이 바뀌었다', '손바뀜이 일어났다'라고 표현하며, 손바뀜이 일어난 종목은 '손바뀜주'로 부릅니다.

✅ 모멘텀

주가 상승 움직임에 직접적인 영향을 주는 것을 모멘텀이라고 합니다. 모멘텀은 흔히 재료라고 보면 되는데 주가 추세의 가속도, 즉 주가 움직임의 상승 동력으로 이해하면 되겠습니다. 반도체 섹터의 모멘텀은 매출 급증, 수출 확대가 되겠죠. 엔터테인먼트 섹터의 모멘텀은 메인 그룹의 컴백 소식이나 빌보드 차트 뉴스, 음반 판매량과 국내 음반 순위 등이 되겠습니다.

✅ 골든크로스

골드크로스는 단기 주가 이동평균선이 중장기 이동평균선을 아래에서 위로 돌파하는 순간을 의미하며, 국내 시장에선 5일선이 20일선을 위로 돌파하거나 20일선이 60일선을 위로 돌파하는 순간을 의미합니다. 그때를 황금선이라 말하고, 매수 타점으로 보는 경우가 많습니다. 하지만 반드시 그런 것은 아니며, 단기적인 호재에 그칠 수 있고 매도세가 많아져 주가 조정이 될 수도 있기 때문에 참고만 하는 것이 좋습니다. 골든크로스와 데드크로스 모두 추세 분석에 쓰입니다.

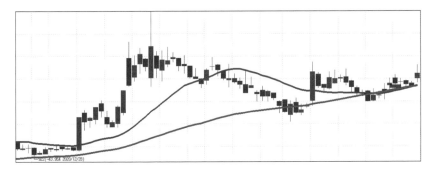

골든크로스로 빨간색이 20일선이고 녹색이 60일선입니다.

◎ 데드크로스

데드크로스는 단기 주가 이동평균선이 중장기 이동평균선을 위에서 아래로 이탈하는 순간을 의미하며, 국내 시장에선 5일선이 20일선을 이탈하거나 20일선이 60일선을 이탈하는 것을 말합니다. 데드선이라 하고, 매도 타점으로 보는 경우가 많습니다. 하지만 반드시 그런 것은 아니며 오히려 매수세가 많아져 주가 전환의 신호가 될 수도 있기에 참고만 하는 것이 좋습니다. 골든크로스와 데드크로스 모두 추세 분석에 쓰입니다.

데드크로스로 빨간색이 20일선이고, 녹색이 60일선입니다.

✔ 적삼병

적삼병은 붉은색 양봉이 3개 연속으로 나타난 것을 말합니다. 즉 적삼병은 종가보다 시가가 더 높고, 이를 유지하는 계단식 상승의 양봉이 3회 연속 나타난 것을 의미합니다. 적삼병은 추세 상승 전환 신호 중의 하나로, 그대로 매수세가 유지되고 추세 상승이 이어지면 우상향이 진행되거나 급등이 나오기도 합니다.

✔ 흑삼병

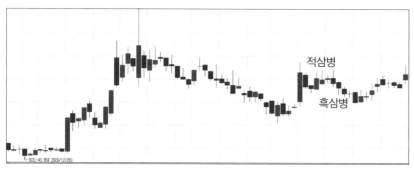

적삼병 이후에 흑삼병이 나타났습니다. 매수 심리가 좋았다가 매도 심리가 강해진 것으로 분석할 수 있습니다.

흑삼병은 파란색 음봉이 3개 연속으로 나타난 것을 말합니다. 즉 흑삼병은 종가보다 시가가 더 낮고 이를 유지하는 계단식 하락의 음봉이 3회 연속 나타난 것을 의미합니다. 이는 추세 하락 전환 신호 중의 하나로, 그대로 매도세가 유지되고 추세 하락이 이어지면 우하향이 진행되거나 급락이 나오기도 합니다.

⊘ 서킷브레이커

서킷브레이커는 주식 매매 일시 정지 제도로 CB라고 불립니다. 주가지수의 상하 변동폭이 10%를 넘는 상태가 1분간 지속될 때 현물과 선물 옵션의 매매거래를 일시 중단시키는 제도입니다. 발동 시 20분 동안 거래가 정지되며, 이후 10분 동안 동시호가 거래가 진행됩니다.

⊘ 사이드카

사이드카는 선물시장이 급변할 경우 현물시장에 대한 영향을 최소화함으로써 현물시장을 안정적으로 운용하기 위해 도입한 프로그램 매매호가 관리제도입니다. 선물가격이 전일종가 대비 5% 이상, 코스닥은 6% 이상 상승 또는 하락이 1분 이상 지속될 때 발동하며 5분간 정지됩니다. 사이드카는 1일 1회만 발동되며, 매매 종료 40분 전인 오후 2시 50분 이후에는 발동되지 않습니다.

⊘ 패리티

패리티는 전환사채를 주식으로 전환했을 때 전환가격에 대한 주가의 비율을 의미합니다.

⊘ 괴리율

괴리율은 다양한 의미로 쓰입니다. 첫 번째로 보통주와 우선주의 차이를 의미합니다. 두 번째로 전환사채의 시장가격과 패리티 간의 차이를 의미하는데, 전환사채가 고평가인지 저평가인지 체크 가능합니다. 이때 괴리율이 플러스로 나타나면 전환사채의 시장가격이 높다는 것이고, 마이너스로 표시되면 전환사채의 시장가격이 낮다는 의미로 이익 실현을 노릴 수 있습니다. 전환사채 공시를 활용해 차익을 목표로 하는 투자 기법도 존재합니다. 특정 기업의 전환사채 공시가 나왔다면 이를 기록하고 정리해 괴리율과 현재 주가, 목표 주가, 재무제표 등을 분석해 전환사채와 비교했을 때 투자 가치가 높은지 여부를 파악해 매매하면 좋은 성과를 거둘 가능성이 높습니다. 전환사채가 되는 주식수와 체결 가격이 가장 중요하고, 전환사채의 목적 또한 알아두어야 합니다. 세 번째로 애널리스트가 제시한 목표주가와 현재 주가와의 차이를 백분율로 표시한 것입니다. 예를 들어 목표주가가 5,000원, 현재 주가가 2,500원이라면 괴리율은 100%로 표기됩니다.

✓ 적정주가
- -
적정주가는 동종 업종의 평균 주가나 해당 기업의 가치를 계산했을 때 추정할 수 있는 적절한 주식 시세를 의미합니다. 적정 주가를 계산해서 최소 목표값을 구하기도 합니다.

시황을 읽을 때
쓰이는 어휘들

STOCK INVESTMENT
IS INTERESTING!

앞으로의 주식시장 방향이나 주가 움직임을 분석할 때 시황만큼 중요한 것은 없습니다. 시황 읽기는 시장의 상황을 면밀히 분석하는 일입니다. 다양한 전문가들의 시황을 참고하고 공부하는 것이 좋습니다. 그중에 시황을 이야기하거나 증시를 분석할 때 쓰이는 어휘들이 많습니다. 가장 많이 쓰이면서 주식투자 공부를 할 때 꼭 알아야 하는 말들로 모았습니다.

어휘를 이해하고 나면 직접 시황을 적어볼 수도 있습니다. 그만큼 시장 분석에 대한 지식을 익힐 수 있습니다. 종목을 연구하는 것도 중요하지만 계좌를 지키려면 전반적인 시장 분위기를 읽을 줄 아는 능력을 반드시 갖춰야 합니다.

✪ 시황

시황은 시장의 상황을 의미합니다. 기업들의 이슈를 검토하고 증시 움직임을 분석합니다. 주식투자에서 시황은 매우 중요한데, 엉터리 시황도 많으므로 잘 추려서 읽는 것이 중요하겠습니다. 아니면 직접 시황을 만들어보는 것도 주식 공부에 좋습니다.

✪ 장세

장세는 시장의 추세를 의미합니다. 주식시장이 나아가고 있는 방향을 장세라 부릅니다.

✪ 강세장과 약세장

지수가 우상향하거나 강한 상승세를 보여주는 것을 강세장이라 하고, 지수가 우하향하거나 강한 하락세를 보여주거나 움직임이 미비할 때 약세장이라 합니다.

✪ 왜곡시장

실제와 다르게 움직일 때 왜곡시장이라 표현합니다. 흔히 지수는 상승세인데 대부분의 종목들이 주가가 하락하고 있을 때 쓰입니다. 보통 그런 경우 시가총액이 큰 일부 종목만 주가가 오르고 있어 지수는 상승하지만 종목들의 주가가 하락세인 경우입니다. 지수에 속지 말라는 의미로 '왜곡시장을 주의하라'고 이야기합니다.

◎ ~론

비관론자(비관론)는 상승과 하락에 상관없이 비관적인 투자자 혹은 그런 시황을 말합니다. 상승론자(상승론)는 지수가 상승할 것이라 분석하는 투자자 혹은 그런 시황을 말합니다. 하락론자(하락론)는 지수가 하락할 것이라 분석하는 투자자 혹은 그런 시황을 말합니다.

◎ 펀더멘털

펀더멘털은 성장률 등 주식시장에 영향을 끼치는 경제지표로 기업의 재무구조의 안전성, 앞으로의 성장 가능성, 주가 상승 여부, 매출의 확대 등 기업의 발전도를 분석할 때 쓰이는 용어입니다.

◎ 유동성

유동성은 기업의 자산이나 채권 등을 손실 없이 현금화 할 수 있는 것을 의미하는데, 주식시장에서 흔히 쓰이는 유동성이란 현금 자산의 움직임을 이야기합니다. 유동성 장세는 돈에 의해 움직이는 시장을 의미하며 대량 거래량을 뜻합니다. 거래량이 많다는 것은 그만큼 주식시장에 현금이 많다는 의미입니다. 이때 거래량이 너무 적으면 저유동성으로 분류되어 저유동성 종목이 되는데, 30분마다 매매 체결되는 단일가 매매로 관리됩니다.

주식투자에서 거래량과 현금의 움직임은 매우 중요한 역할을 하고 있습니다. 기본적으로 많은 돈이 움직일수록 상승폭이 커지며, 종목들의 움직임이 빨라집니다. 거래량이 너무 적은 종목이나 저유동성에 속하는 기업에 대한 투자는 주의하는 것이 좋습니다.

⊘ 혼조장

혼조는 주식시장이 혼란스러운 상황을 말합니다. 지수나 주가의 등락폭이 크거나 앞으로의 방향이 어떻게 될지 알기 어려울 때 혼조장, 혼조장세라고 표현합니다.

혼조장에선 투자에 주의하고 현금 관리를 해두는 편이 안전합니다. 다른 투자자들 역시 매도를 통해 예수금을 챙겨두는 경우가 많은데, 혼조장이 이어지면 하락장으로 추세 전환될 가능성이 높아지기 때문입니다.

⊘ 버블과 과열

과도한 투자가 이어지는 것을 과열이라 하며, 물가가 오르거나 부동산이나 주식투자 등에 돈의 흐름이 활발해지는 것을 버블이라 말합니다. 이때 실제와 다르게 시세가 올라 투기가 심해지거나 비현실적이고 부자연스러운 투자가 지속될 때 버블 우려가 나타나는데, 이러한 버블이 지나고 나면 가파르게 상승했던 시세가 갑작스레 빠지면서 시장에 혼동이 오는 등 위기가 찾아오게 됩니다.

버블이 끝나가는 시기에는 각별히 주의해야 합니다. 그러기 위해서는 돈의 움직임을 면밀히 확인하는 습관을 길러야 합니다.

⊘ 과매수와 과매도

시장 분위기에 맞지 않게 과하게 매수되고 있거나 매도되고 있을 때 과매수와 과매도라고 말합니다. 금방 사라지는 호재나 악재로 인해 단기적인 거래 과열이 들어왔을 때 해당됩니다.

⊘ 시간장

시간장은 대략적인 오전 시간대, 점심 시간대, 오후 시간대의 시장을 의미합니다. 오전장은 개장하고 오후 12시까지의 시장이고, 점심장은 오후 12시부터 오후 2시까지의 시장이고, 오후장은 오후 2시부터 장 마감까지의 시장입니다.

⊘ 전후장

오전장인 전장과 오후장인 후장이 어떻게 흘러가느냐에 따라 크게 4가지 장으로 나눌 수 있습니다. 전약후약은 하루 종일 하락장이 이어진 시장이고, 전약후강은 오전에는 하락장이다가 오후에는 상승장으로 전환된 시장이고, 전강후약은 오전에는 상승장이다가 오후에는 하락장으로 전환된 시장이고, 전강후강은 하루 종일 상승장이 이어진 시장입니다.

⊘ 스왑

스왑은 일정 기간 미리 정한 가격으로 기초자산이나 기초자산의 가격, 이자율, 지표, 단위 또는 이를 기초로 하는 지수 등에 의해 산출된 금전 등을 교환할 것을 약정하는 계약입니다.

⊘ 애널리스트

애널리스트는 투자분석가로 금융 및 투자와 관련된 전문적인 의견을 제공하는 사람입니다.

⊘ 주식시장지표

주식시장지표는 국내 지수나 세계 증시의 지표입니다. 지수 외에 실업률, 물가 지수, 선물 지수 등 주식시장과 관련 있는 지표들입니다.

⊘ 투자판단지표

투자판단지표는 경제지표나 환율, 주식시장지표, 괴리율, 배당금 등 투자를 판단하는 데 참고 자료가 되는 모든 지표를 의미합니다.

복습 문제

016

다음 항목들을 주식시장지표와 투자판단지표로 나누어 정리해보세요.
'국제 금 / 필라델피아 반도체 지수 / 채권 금리 / 실업 수당 청구건수 / 국제 곡물가 / 경제성장률'

⊘ 밸류에이션

밸류에이션은 기업의 적정 주가를 평가하는 기준 혹은 애널리스트가 현재 기업의 가치를 판단해 적정 주가의 가치 평가를 하는 것을 의미합니다. 주식 대비 기업의 매출이나 이익, 현금흐름, 재무제표의 건전성 등을 종합해 기업의 가치를 평가하고 실적대비 주가 수준을 분석합니다.

밸류에이션이 좋은 기업은 향후 주가 상승 전망이 밝다는 의미로 쓰입니다. 하지만 주가가 무조건 상승하는 것은 아니므로 가치 투자의 참고지표 중 하나로만 봐야 합니다.

✅ 어닝시즌

어닝시즌은 기업들이 반기 또는 분기별로 영업실적을 발표하는 시기입니다. 1년에 4번의 분기별로 실적을 결산하고 이후 이를 합해서 반기와 연간결산 보고서를 발표합니다. 실적발표 전후에 주가의 움직임이 활발해지며 향후 투자에 영향을 줍니다.

1분기는 1월부터 3월까지이며 4월 중순에서 5월 초순 사이에 발표하고, 2분기는 4월부터 6월까지이며 7월 중순에서 8월 초순 사이에 발표합니다. 3분기는 7월부터 9월까지이며 10월 중순에서 11월 초순 사이에 발표하고, 4분기는 10월부터 12월까지이며 내년 1월 중순에서 2월 초순 사이에 발표합니다.

✅ 턴어라운드

턴어라운드는 적자를 보던 기업이 경영혁신으로 흑자를 보는 경우입니다. 부실기업이 강성기업이 되거나 위기였던 기업의 회생을 의미하기도 합니다. 기업내실이 큰 폭으로 좋아질 때 자주 나타납니다. 상대적으로 높은 수익을 기대할 수 있어 투자자들이 잠시 몰리기도 합니다.

✅ 어닝서프라이즈

어닝서프라이즈는 기업의 영업실적이 예상보다 높아 주가가 큰 폭으로 상승하거나 상승할 가능성이 높은 경우입니다. 기업의 어닝 서프라이즈가 기대된다고 하면 시장 예상치를 훨씬 뛰어넘는 깜짝 실적이 기대된다는 의미로 받아들이면 되겠습니다.

A기업은 전년 대비 영업이익이 300% 상승하는 기록을 세웠으며 흑자전환을 기록했습니다. B기업의 1분기 영업이익 상승률은 30%가 예상되었습니다. 하지만 B기업은 실적 발표 당일 230%의 영업이익 상승률을 기록했습니다. 두 기업 중 어닝서프라이즈를 한 기업과 턴어라운드를 한 기업을 구분하고 그 이유를 적어보세요.

⊘ 어닝쇼크

어닝쇼크는 기업의 영업실적이 예상보다 낮아 주가가 큰 폭으로 하락하거나 하락할 가능성이 높은 경우입니다. 이런 경우 주가에 부정적인 영향이 생길 수 있습니다. 어닝쇼크가 예상될 경우 시장 예상치에 비해 저조한 성적을 보여주었다는 이야기이므로 투자에 주의하거나 이를 극복할 수 있는 기대감이나 성장 가능성이 있는지 분석해야 합니다.

⊘ 재무제표

재무제표는 기업의 전반적인 재무나 실적 등의 성과에 대한 보고서입니다. 매출액, 매출원가, 매출 총이익, 일반관리비 등이 적혀 있습니다. 재무제표가 건전한지 확인하고 투자하면 좋은데, 적자보다 흑자가 많고 마이너스가 적은 기업이 대체적으로 괜찮습니다.

재무제표가 꾸준히 좋아지고 있는 기업 또한 실적이 좋아지고 재무가 건전해지며 성장성을 가지고 있다는 의미이므로 주식투자를 할 때 재무제표를 확인하는 습관을 기르는 것이 좋습니다. 하지만 이러한 재무와 관계없이 주가가 등락하는 테마주나 세력주의 경우에는 재무제표가 크게 상관없기도 하지만 투자의 안전성을 놓고 본다면 재무제표는 필수적으로 참고해야 하는 자료입니다.

● 감사보고서

감사보고서는 법적 권한이 있는 기관이 회사에 필요한 다양한 검사를 실시하고 결과를 보고하기 위해 작성합니다. 감사인이 감사한 보고서라고 보면 되는데 회사의 재산이나 영업 상태, 회계 건전성, 재무제표 등을 검토합니다. 감사보고서 결과 중에 상장폐지 조건이 있기 때문에 제출을 제대로 하고 있는지 꼭 확인해야 하며, 제출이 늦어지면 투자에 주의하는 것이 좋습니다. 감사의견이 적정으로 나와야 하며, 의견거절로 발표되면 거래정지가 되고 이후 회사의 이의신청 등으로 해소되거나 해소되지 못하면 상장폐지 수순을 밟게 됩니다. '거래정지 → 정리 매매 기간 → 상장폐지' 절차를 밟습니다. 감사의견이 의견거절로 나오는 경우에는 감사에 비협조적이거나 자료 제출이 미비하고 회계에 문제가 있을 경우입니다. 매년 3월 30일이 사업보고서 제출 마감일로, 그 이전까지 감사보고서 결과가 나오지 않는다면 투자에 매우 주의해야 합니다. 매년 2월부터 3월 말까지는 감사보고서 제출 시기인데, 상장폐지가 가장 많이 나오는 시기이기도 합니다.

● 컨센서스

컨센서스는 '일치된 의견'을 의미하며, 주식시장에서 컨센서스란 증권사 리포트에서 예상한 목표 주가나 적정 주가의 평균치로 이해하면 됩니다. A라는 종목의 현재 주가가 57,000원이고 컨센서스가 8만원이라면 증권사 리포트에서 평균적으로 일치된 의견이 '8만원 이상 주가가 상승할 전망이 있다'

는 의미입니다. 하지만 이러한 컨센서스는 시기에 따라 변동되므로 맹신하지 말고 참고만 하는 것이 바람직합니다.

◎ 왝더독

왝더독은 '꼬리가 몸통을 흔들다'는 뜻으로 선물 매매가 현물 주식시장에 직접적인 영향을 주는 경우입니다. 본래 개의 몸통이 꼬리를 흔드는 것이 정상이지만 반대로 꼬리가 몸통을 흔드는 비정상적인 현상에 비유된 표현입니다. 본래 주식시장에선 현물에 의해 선물이 움직이는 것이 정상입니다. 이러한 왝더독 현상은 주식시장이 박스권이거나 증시가 약세일 때 자주 보입니다. 이때 선물시장의 움직임을 먼저 확인하고 현물 거래를 하기도 합니다.

◎ 미국 블랙먼데이

미국 블랙먼데이는 1987년 뉴욕증권시장에서 일어났던 주가 대폭락 사건입니다. 당시 월요일이었기에 블랙먼데이라는 이름이 붙었는데, 이러한 폭락이 주기적으로 반복되는 현상이 있어 월요일 시장을 조심하게 되었고, 월요일이 폭락하면 '블랙먼데이가 왔다'고 분석하곤 합니다. 국내 주식시장은 통상적으로 월요일과 금요일에 가장 주의합니다. 월요일은 한 주의 시작점이자 블랙먼데이의 우려 때문이고, 금요일은 주말에 일어날 수 있는 돌발 악재 때문입니다. 세계 시장의 영향을 많이 받는 한국 시장에서 나타나는 특수한 현상입니다. 실제로 월요일과 금요일에 평균 매매량이 줄어들기도 합니다.

◎ 미국 블랙프라이데이

미국 블랙프라이데이는 미국에서 추수감사절 다음날인 금요일로, 1년 중 가장 큰 폭의 세일시즌입니다. 매년 11월 26일입니다. 블랙프라이데이 전후에 국내 기업들의 주가가 영향을 받을 때가 많습니다.

✔중국 광군제

중국 광군제는 중국에서 11월 11일에 싱글들을 위한 날로, 최대 규모의 온라인 쇼핑이 이루어지는 날입니다. 미국 블랙프라이데이와 마찬가지로 광군제 전후에 국내 기업들의 주가가 영향을 받을 때가 많습니다.

✔선물만기일과 옵션만기일

선물만기일은 선물 거래 만기일로 3월, 6월, 9월, 12월의 둘째 주 목요일입니다. 옵션만기일은 옵션 거래 만기일로 매월 둘째주 목요일이며, 미국은 매월 셋째주 금요일입니다. 웩더독 현상이거나 주식시장이 좋지 못할 때 주가에 영향을 주는 경우가 많아 투자판단지표로 쓰입니다.

✔파생상품

파생상품은 기초자산으로부터 파생된 상품을 의미합니다. 주식과 채권, 외환이나 예금 등의 기초자산이 해당되며, '선물, 옵션, 스왑'이 3대 파생상품으로 분류됩니다. 선물, 옵션 거래를 파생상품 거래라고 보면 됩니다. 원금 이상의 손실이 가능해 고위험 투자입니다.

✔네 마녀의 날

네 마녀의 날은 주가지수의 선물, 옵션 만기일 2개와 개별주식의 선물, 옵션 만기일 2개가 합쳐진 날로 '쿼드러플 위칭데이'라고도 부릅니다. 무려 4가지의 파생상품 만기일이 겹치는 날이어서 주가 움직임을 예측하기 어려운 시기입니다. 즉 변동성이 가장 심할 수 있는 날이어서 투자 주의 시기로 분류됩니다. 시장이 좋을 땐 별 영향이 없지만 왝더독 현상이거나 시장이 나쁠수록 변동성이 커집니다.

복습 문제
018

네 마녀의 날에는 주가가 하락하기 쉽다. (◎/✗)

✅ 내재가치

내재가치는 자산가치와 수익가치를 포함한 것입니다. 자산가치는 순자산액과 발행주식 총수를 나눈 값을 의미하고, 수익가치는 미래의 수익력을 현재가치로 평가한 금액을 의미하는데 미래 1주당 추정이익의 이자율을 나누어 계산합니다. 이러한 자산가치와 수익가치를 평균한 금액을 내재가치라 부릅니다. 내재가치보다 낮은 시세에 거래되면 저평가주로 보고, 반대로 높은 시세에 거래되면 고평가주로 판단합니다. 내재가치는 기업의 시장 가치를 가치평가하는 방식 중의 하나입니다. 하지만 주식시장은 변동성이 큰 시장이고 기업도 앞으로 어떻게 될지 확신을 가질 수 없으므로 내재가치는 투자판단지표로만 참고하는 것이 좋습니다.

✅ 마일스톤 징크스

마일스톤 징크스는 주가지수가 특정 분기점 도달을 앞두고 주춤거리는 것을 말합니다. 신고가 갱신을 앞두고 강저항대에 부딪히거나 박스권에 갇힌 경우입니다.

⊘ EPS

EPS(Earning Per Share)는 주당순이익을 말합니다. '당기순이익/발행주식수'로 계산합니다. 한해 1주의 주식으로 벌어들인 이익을 나타내는 지표입니다. 당기순이익이 높으면 EPS가 상승하고, 주식수가 많아지면 EPS는 내려갑니다. EPS가 높으면 투자 가치가 있다고 분석합니다.

⊘ PER

PER(Price Earning Ratio)은 주가수익비율입니다. '현재주가/EPS'로 계산합니다. PER이 높으면 고평가 가치로 해석하고, 낮으면 저평가 가치로 해석합니다. 단, PER은 기업의 성장성이 반영되지 않는 지표로, 현재 시점에서의 기업 투자 가치를 분석합니다. PER이 낮을수록 좋지만 '무조건'적이진 않습니다. 다만 투자에 참고하기에 좋습니다.

⊘ PEGR

PEGR(Price Earnings to Growth Ratio)는 'PER/EPS증가율(이익성장률)'로 계산합니다. PER의 발전 형태이며, 이익성장률을 보는 지표입니다. 1로 기준을 잡아 0.5 이하면 저평가로 분석하고, 1.5 이상이면 고평가로 분석합니다. PER이 현재 시점의 기업 가치를 분석하는 지표라면 PEGR은 성장성을 추가로 보는 지표입니다. 피터 린치에 의해 PEGR이 알려졌는데, PEGR이 낮을수록 좋지만 '무조건'적이진 않습니다. 다만 투자에 참고하기에 좋습니다.

⊘ CPS

CPS(Cash Flow Per Share)는 '영업활동현금흐름 – 우선주배당총액/발행한 주식수'로 계산합니다. 영업활동으로 유입시킨 현금을 의미합니다. CPS가 많을수록 현금을 벌어들이는 액수가 많다는 이야기입니다.

⊘ BPS

BPS(Bookvalue Per Share)는 주당순자산가치입니다. '장부가치/주식수'로 계산합니다. 1주당 순자산의 가치를 계산하는 것인데, 기업이 가지고 있는 모든 자산을 주주들에게 나눠주었을 때 분배 가능한 1주당 순자산을 의미합니다.

⊘ SPS

SPS(Sales Per Share)는 주당매출액입니다. '기업의 매출액/발행된 총주식수'로 계산합니다. 1주당 발생된 매출액을 계산합니다.

⊘ PBR

PBR(Price Book Value Ratio)은 주가순자산비율입니다. '현재주가/BPS'로 계산합니다. 실질적인 가치와 주가의 관계를 나타내며, 회사자산의 가치를 평가합니다. PBR이 높을수록 실제 가치에 비해 고평가되어 있다는 의미로 분석합니다. 가치주를 발굴하고 투자할 때 필수로 활용되는 참고지표입니다.

⊘ PCR

PCR(Price Cash Flow Ratio)은 주가현금흐름배수입니다. '현재주가/1주당 영업현금흐름'으로 계산합니다. 쉽게 영업현금을 기준으로 주가의 수준을 분석하는 지표입니다. PCR이 적을수록 저평가로 분석합니다.

✔ PSR

PSR(Price Sales Ratio)은 주가매출액비율입니다. '현재주가/1주당 매출액'으로 계산합니다. 매출액을 기준으로 기업 가치를 계산할 때 쓰입니다. 매출액의 영향을 많이 받는 기업들을 분석할 때 좋습니다. PSR이 높을수록 매출액 증가율과 매출 성장의 기대감이 크다는 의미입니다. 단, 지나치게 PSR이 높으면 거품일 가능성이 있으므로 참고지표로만 확인해야 합니다.

✔ ROE

ROE(Return On Equity)는 자기자본이익률입니다. '당기순이익/자본총액'으로 계산합니다. 기업이 가지고 있는 자본으로 어느 정도의 이익을 보고 있는지 계산할 수 있습니다. ROE가 높을수록 많은 순이익을 기록했다는 의미입니다.

✔ PDR

PDR(Price to Dream Ratio)은 주가꿈비율로, 꿈을 먹고 성장하는 기업의 가치를 값으로 나타낸 것입니다. 현재의 기업 가치가 아닌 미래 성장의 기대감을 설명하는 방식입니다. 공개된 계산식으론 분자에 시가총액, 분모에 해당 기업이 포함된 전체 시장매출액과 기업의 예상 시장점유율을 곱한 값입니다.

✔ ROA

ROA(Return On Assets)는 총자산이익률입니다. '당기순이익/자산총액'으로 계산합니다. 기업이 가지고 있는 자산총액을 기준으로 이익을 얼마나 봤는지 계산한 값입니다.

◉조건 검색식

주식시장에 상장된 종목들에서 내가 원하는 기준에 부합하는 종목들로 분류할 때 사용합니다. 흔히 주가 범위를 지정하거나 재무, 패턴 등 다양한 기술적 조건을 만들어 그 조건에 해당하는 종목들을 압축적으로 불러올 수 있습니다. 예를 들어 '시가총액 5천억원 이상, 52주 최고가 대비 등락률 순위 300 이하, 부채비율 100 이하, 영업이익 증가 10% 이상' 등 증권사에서 제공하는 조건들을 선택적으로 넣을 수 있습니다. 직접 HTS에서 확인해보고 검색식을 만들어보기 바랍니다.

복습 문제
019

검색식을 만든다는 생각으로 나만의 저평가 우량주 조건식을 만들어보세요.
완성된 조건식을 테스트 하고 싶다면 소액으로(예를 들어 1주씩) 매수하고 움직임을 파악하셔도 좋습니다. 저평가 우량주는 동종 업종, 주식시장 기준으로 상대적으로 가치가 낮게 평가되어 있는 기업을 의미합니다. 저평가 우량주에 투자한다고 무조건 수익이 나오는 것은 아니지만 잘 활용하면 느리지만 안정적인 수익률을 기대해볼 수 있습니다(정답란에는 황족의 '저평가 우량주 조건'이 있습니다).

STOCK INVESTMENT
IS INTERESTING!

'검은 머리 외국인'이라는 말을 알고 계시나요? 통계적으로는 외인에서 투자를 했다고 나오지만 실체가 한국인일 것이라고 예상할 때 쓰는 말입니다. 이렇듯 4장에서는 유쾌할 수 있는 은어들이 모여 있습니다. 그밖에 '토끼와 거북이', '하이에나와 여우' 등 생소할 수 있지만 자주 사용되는 은어들을 총망라했습니다.

4

아는 사람만 아는
주식세계의 은어

알고 있으면
재미있는 어휘들

STOCK INVESTMENT
IS INTERESTING!

　모르고 있는 것보다 알고 있으면 주식투자가 더욱 재미있을 수 있는 어휘들이 있습니다. 대부분이 은어들로 구성되어 있으며, 주식 초보자 분들은 들어본 적 없는 말들이 많을 것입니다. 그만큼 아는 사람들만 사용하고 있으며, 최근에는 잘 쓰지 않는 어휘들까지 모두 정리해보았습니다.

　사람들이 주고 받는 말과 그것에 담긴 의미에는 주식의 역사가 담겨 있다해도 과언이 아닙니다. 재미로 읽어보면서, 어떤 이유로 생겨난 말이고 왜 쓰이는지 상황의 과정 또한 이해하면서 내용을 음미하면 이해하기가 더욱 쉬울 것입니다.

✅ 검은 머리 외국인

검은 머리 외국인은 한국인이 외인 신분으로 투자할 때 쓰는 말입니다. 일반적으로 주식 초보자 입장에서 외인의 매수세가 나타났을 때 숨겨진 호재가 있거나 주가 상승의 기대감을 가지게 되는데, 그러한 심리를 역이용해 개미들을 매수하게 만들고, 그때 이익 실현을 해서 투자를 진행하는 일이 빈번하게 일어납니다. 실제로 그렇게 투자를 하는지 알기는 어렵지만 단타성 매매가 발생하거나 호재가 나오기 전에 매수하고 이것이 가짜 뉴스였다는 사실이 밝혀지기 전에 매도하는 수급이 보이면 '검은 머리 외국인이 개미들에게 작전을 걸었다'고 흔히 말합니다. 그밖에 비슷한 상황에서도 자주 쓰이는 말입니다.

✅ 바람잡이

바람잡이는 매수를 유도하는 사람을 칭합니다. 매수하면 안 되는 종목이지만 실체가 있는 뉴스를 호재로 엮어 투자를 유도하거나 가짜 뉴스를 보여주며 달콤한 유혹을 하는 사람입니다. 인터넷에서 쉽게 접할 수 있기 때문에 글이 너무 화려하게 적혀 있거나 갈무리된 자료를 보여주며 매수를 강하게 유도하면, 의심부터 한 후 직접 정보를 검색하고 자료를 수집해 투자를 고민하는 것이 바람직합니다. 연예인들 사이에서도 바람잡이들로 인해 고액의 손해를 본 사례들이 많은 만큼 정말 주의해야 합니다.

✅ 농사

특정 종목을 꾸준히 모아갈 때 '농사를 짓는다'고 말합니다. 결과에 따라 잘 되면 풍년이고, 안 되면 흉년이라 빗댑니다. '씨앗을 심는다'고 말하기도 합니다. 주가의 움직임에 가속이 붙을 때가 있어서 단기적으론 별다른 움직임이 없다가 시간이 지나 어느 순간 빠르게 움직일 때가 있습니다. 그때 수익을 극대화하는 기법으로 '농사 매매기법'이 존재합니다. 주가의 움직임이 느리지만 안정적인 종목을 꾸준히 모으고, 이후 가속이 붙어 빠르게 움직이면서 크게 올라갈 때 매도해 이익 실현을 노리는 방식입니다.

◎ 단타족
- -
단타족은 단타 스캘핑 투자만 하는 투자자들을 칭하는 말입니다.

◎ 토끼
- -
토끼란 주식을 오래 보유하지 못하고 빠르게 매수와 매도를 하는 투자자를 칭하는 말입니다. 단타나 스캘핑 등의 단기 투자를 '토끼 투자'라고 부르기도 합니다. 토끼 투자라고 해서 꼭 나쁜 것만은 아니며 이 또한 투자 스타일의 일부입니다. 토끼가 아니라 경주말이라고 부르기도 합니다.

◎ 거북이
- -
거북이는 주식을 오래 보유하는 투자자를 칭하는 말입니다. 거북이가 아니라 달팽이라고 부르기도 합니다. 매수하고 절대 팔지 않는 홀딩형 투자자도 있지만 거북이는 그런 의미는 아니고, 주가의 움직임이 느리지만 만족스러운 수익률을 기대할 수 있는 종목들에 투자하고 기다림의 미학을 실천하는 투자 스타일입니다. 토끼와 거북이 모두 수익을 내는 방식들이므로 나와 잘 맞는 스타일을 찾아 발전시켜야 합니다.

⊘홀딩족

홀딩족은 익절을 할 수 있을 때까지 매도하지 않는 투자자들을 칭하는 말입니다.

⊘공견

공견은 '공매도'와 한자 '개 견'을 합친 말로, 공매도로 수익을 보기 위해 악의적으로 손절을 유도하는 사람을 뜻합니다. 상승이 가능한 종목임에도 불구하고 손절을 하게끔 부정적인 정보를 공유하거나 불안감을 조성하는 등 나쁜 의도를 가지고 부정적인 활동을 하는 사람들을 대상으로 공견이라 부르기도 합니다.

⊘하이에나

하이에나란 급등 시 폭탄매도를 해서 털고 나오는 세력 혹은 투자자를 의미합니다. 주식의 시세가 크게 오르고 있을 때 대량 물량을 전량 매도해 익절을 하고 빠져나오는 경우입니다. 또는 지수의 하락장이나 폭락장처럼 갑작스레 주식의 가격들이 크게 떨어졌을 때 저점 매수를 하고, 이후 반등이 나오거나 상승장으로 전환했을 때 매도해서 수익 실현을 보는 투자 방식을 칭하기도 합니다.

⊘여우

갑작스레 저점이 되었거나 급락을 한 종목에만 투자해서 이익 실현을 보는 투자자를 여우라고 칭합니다. '여우 같은 투자를 한다'고 말하는데, 이는 나쁜 투자가 결코 아닙니다. 도리어 급락이 나왔거나 바닥과 가까워지고 있는 종목들은 그만큼 위험성도 있어 웬만한 투자자들은 따라 하기 어려운 스타일이기도 합니다.

◎ 투신자판

투신자판이란 '투자는 신중하게 자기가 판단해서'의 줄임말입니다.

◎ 방망이를 짧게 쥐다

투자한 종목을 오래 보유하지 않고 매도할 예정일 때 쓰는 말입니다. '방망이를 짧게 쥐고 치라'고 말하기도 합니다. 여기서 '친다'는 것은 매매의 의미를 가집니다.

◎ 방망이를 길게 쥐다

투자한 종목을 오래 보유할 예정일 때 쓰는 말입니다. 좋은 종목은 방망이를 길게 쥐는 것이 좋고, 나쁜 종목이거나 변동성이 커서 위험성 높은 종목은 방망이를 짧게 쥐는 것이 좋습니다.

◎ 홈런

주가가 천장을 돌파했거나 급등이 나와 최대의 수익 실현을 성공시켰을 때 기쁨을 표현하며 쓰는 말입니다. 아주 기쁠 땐 '만루 홈런을 쳤다'고 합니다.

◎ 폭탄

주식의 시세가 비정상적으로 급등이 나오고 언제 급락이 나올지 모르는 상태를 폭탄이라고 합니다.

⊘ 폭탄돌리기

폭탄돌리기란 폭탄 상태인 종목의 거래량이 줄어들지 않고 주가의 등락이 있을 때 쓰이는 말입니다. 폭탄이 터지게 되면 급락이 나오기 때문에 살벌한 투자가 진행됩니다. 주식 초보자 분들은 되도록 폭탄 돌리기 중인 종목의 투자는 하지 말기 바랍니다. 비정상적인 급등이 나온 종목은 시세가 떨어지고 나면 다시 오르기가 어렵기 때문입니다.

⊘ 우주방어

우주방어란 주식의 시세나 지수가 하락하지 않는 상황을 말하거나 떨어지지 않게 매수를 해주고 있을 때 쓰이는 말입니다. '오늘 외인과 기관의 순매수가 이어지고 있지만, 개인들의 우주방어로 코스피 지수가 떨어지지 않고 있습니다.'

⊘ 멍들었다

주식의 시세가 떨어져 보유하고 있는 종목 대부분이 손실 중일 때 주식 계좌가 파랗게 멍이 들었다고 해서 '멍들었다'는 표현이 쓰입니다.

⊘ 멘징

손실이 발생했으나 수익을 통해 본전을 되찾았을 때 '멘징했다'고 합니다.

⊘ 야수의 심장

위험한 상황에서도 과감하게 투자할 때 '야수의 심장을 가졌다'고 합니다.

⊘ 블루칩

블루칩은 주식시장에서 대형우량주를 의미하며, 재무제표가 튼튼하고 수익 구조가 좋으며 경기 변동에 큰 영향을 받지 않는 강성기업입니다. 국내 시장 에선 삼성전자가 이에 해당합니다.

⊘ 옐로칩

옐로칩은 주식시장에서 블루칩보다 시가총액은 낮지만 향후 주가 상승의 가 능성이 높은 중저가 우량주를 의미합니다. 블루칩과 마찬가지로 재무제표가 좋고 수익 구조가 괜찮은 기업들이 옐로칩에 해당합니다.

⊘ 귀신

투자하는 종목마다 큰 수익을 내는 투자자를 귀신이라고 합니다.

⊘ 작두탄다

주식의 상승 전망을 내고 실제로 적중하는 경우가 상대적으로 많을 때 '작두 탄다'라고 표현합니다.

⊘ 펌핑

펌핑은 주식투자를 부추기는 행동입니다.

⊘ 흑우

흑우는 호구의 은어입니다. 투자하는 종목마다 손실을 보는 사람들을 놀릴 때 쓰는 말입니다. 같은 말로 흑두루미, 음무어가 있습니다.

⦿ 잠수함

잠수함이란 주식의 시세가 연속적으로 하락해 저점이 되거나 신저가 가까이 되는 경우입니다.

⦿ 돈복사기와 돈파쇄기

돈이 복사된다는 생각이 들 정도로 시세가 크게 오르는 종목을 대상으로 돈복사기라 부릅니다. 반대로 돈이 파쇄된다는 생각이 들 정도로 시세가 크게 내려가는 종목을 돈파쇄기라 부릅니다.

⦿ 펜트하우스

매수한 주식의 평단가가 현재가와 비교했을 때 월등히 높은 경우입니다.

⦿ 멸치

메릴린치 증권사의 발음이 멸치와 비슷하다고 해서 붙인 이름으로, 메릴린치 증권사가 특정 종목의 매수를 시작하면 초단타가 되는 경우가 많습니다. 대규모 물량으로 초단타를 많이 해서 개인투자자들이 피해를 보는 경우가 많은데 이때 '견제를 위해 멸치가 들어왔다'고 말합니다.

⦿ 줍줍

줍줍은 주식의 가격이 크게 하락했을 때 저가 매수라고 판단하고 공격적으로 매수하는 경우입니다. 바닥에 있는 물건을 주울 때처럼 깊은 고민 없이 빠르게 매수하는 경우입니다.

◎ 벽

벽이란 특정 가격 이상 혹은 그 이하로 오르거나 떨어지지 않게 거래가 걸려 있거나 주가 변동이 없을 때 쓰이는 말입니다.

◎ 대놓다

현재가에 비해 굉장히 낮은 가격에 매수 주문을 걸어둘 때 '대놓다'라고 말합니다.

◎ 틱띠기

틱띠기란 최소 수익을 낼 수 있는 틱 범위에서 계속 반복적으로 매매해서 수익을 내는 투자를 의미합니다. 이러한 틱띠기가 반복되면 스캘핑, 초단타가 됩니다.

◎ 낮의샛별과 밤의샛별

종가가 시가보다 올라가면 낮의샛별이라 하고, 종가가 시가보다 떨어지면 밤의샛별이라 합니다.

◎ 모찌

증권사 직원 계좌를 모찌라고 합니다.

◎ 쫀칭

소액으로 작전주를 공략하는 투자자를 부를 때 쫀칭이라고 합니다.

⊙ 관망충

투자를 해야 할 시기에도 겁이 많아 관망만 하는 투자자를 부를 때 관망충이라고 합니다.

⊙ 투더문

투더문(to the moon)은 주가가 급등하고 있거나 급등을 기원할 때 쓰는 말입니다. '급등한 일봉 차트가 달나라를 향해 치솟는 로켓과 같다'는 맥락에서 생겨난 말입니다.

⊙ 영차영차

영차영차는 주가 하락 이후 주식의 가격이 상승하길 바라는 '간절한' 마음에서 쓰는 어휘입니다. 응원하는 마음에서 비롯된 표현입니다.

⊙ 떡드랍

떡드랍은 장대 음봉이 출현했을 때 이를 부르는 말입니다. 순간적인 대폭락이 왔을 때 주로 쓰입니다.

⊙ 개미지옥

개미지옥은 고점 회복을 장기간 하지 못한 종목의 고점 밴드를 칭하는 말입니다. 예를 들어 과거엔 2만원까지 치솟았던 주식의 가격이 현재 5천원대이고 2만원 근처를 수 년간 올라가지 못하고 있을 때 2만원 근처를 개미지옥이라 부릅니다.

⊘ 자장면

자장면은 하락장에서 단기 반등이 나왔을 때 쓰는 말로, 불우한 이웃에게 잠깐 자장면 한 그릇 사주는 모습과 비슷하게 느껴져 사용되기 시작했습니다. 어차피 더 내려갈 상황이 예상되고 그런 분위기일 때 해당됩니다.

⊘ 스캠주

스캠주란 작전주로 예상되거나 사기성이 보이는 종목을 지칭하는 말입니다.

⊘ 쌀장

쌀장은 미국 주식시장을 지칭하는 말입니다.

⊘ 나주댁

나주댁은 미국 나스닥 시장을 지칭하는 말입니다.

⊘ 미선이

미선이는 언뜻 사람 이름 같지만 미국 선물을 지칭하는 말입니다.

⊘ 임프

임프는 국제통화기금인 IMF를 지칭하는 말입니다.

⊘ 다우극장

다우극장은 주가의 상한선이 없는 미국 시장에서 주가의 변동이 굉장히 클 때 쓰는 말입니다.

✅픽

픽은 주식의 가격에 큰 영향을 줄 가능성이 있는 정보를 의미합니다. 개미들을 꼬시기 위한 가짜픽도 존재하므로 신뢰성 있는 정보인지 반드시 확인하고 주의해야 합니다.

✅유배 보내다

강제로 장기 투자를 하게 된 종목이 꼴보기 싫거나 마음을 다잡기 위해 다른 계좌로 옮기는 것을 '유배 보내다'라고 표현합니다.

✅주태기

주태기란 '주식 권태기'의 줄임말입니다.

✅해임들

'형님들'의 발음이 '해임들'과 비슷해 은어로 쓰이는 말입니다.

✅콘크리트

강한 지지의 저항 벽을 부르는 말로 호가창에서 매물대가 굉장히 많이 쌓였을 때 해당 틱을 콘크리트로 비유해 부릅니다.

✅고래

큰손이나 세력의 매집이 들어왔을 때 '고래가 들어왔다'고 말합니다.

❂송사리

개미들만 매집하거나 단타 매매만 반복되고 있을 때 그 매매자들을 송사리라고 칭합니다.

❂곡소리 매매

곡소리 매매란 특정 종목이나 시장 상황에 있어서 곡소리가 울려 퍼지고 있었을 때 역으로 매수하는 방식입니다.

주식어휘의
탄생과 배경

STOCK INVESTMENT
IS INTERESTING!

주식투자를 하다 보면 다양한 어휘들을 만나볼 수 있습니다. 그중에 어떤 이유로 탄생하게 되었고 쓰이고 있는지 궁금할 때가 있습니다. 이번 장에서는 그런 부분과 맞닿은 어휘들과 재미있는 줄임말들을 알아보겠습니다. 어휘의 유래를 알긴 어렵지만 쓰이고 있는 용도나 의미를 해석해보면 원리와 이유는 확인할 수 있습니다.

주로 은어들이 많아 어려운 단어들에 비해 가볍지만 뜻을 모르면 이해하기 어려울 수 있습니다. 하지만 의미를 알고 나면 다양한 상황에서 사용할 수 있고, 재미있게 표현할 수 있습니다. 감정을 표현할 때 많이 사용되는 어휘들이기도 합니다.

◎ 양전과 음전

양전은 음봉에서 양봉으로 전환되었을 때, 음전은 양봉에서 음봉으로 전환되었을 때입니다. 봉차트에서 쓰이는 용어로 '양전됐다', '음전됐다'라고 표현합니다.

◎ 사팔(사고팔기)

사팔은 '사고, 팔고'의 줄임말입니다.

◎ 종토

종토는 '종목 토론'의 줄임말입니다.

◎ 털개버세

털개버세는 '털리면 개미, 버티면 세력'의 줄임말입니다. 주식투자를 하다 보면 단기간의 주가 변동이 발생할 때가 많습니다. 개인투자자의 주식수익률이 평균적으로 낮기도 하고, 실제 매도를 한 개미들의 경험담에서 비롯되었습니다.

◎ 매미

매미는 펀드매니저 출신의 개인투자자를 의미합니다.

◎ 애미

애미는 애널리스트 출신의 개인투자자를 의미합니다.

⊘ 줄챙과 줄먹

줄챙은 '줄 때 챙겨라'의 줄임말이고, 줄먹은 '줄 때 먹자'의 줄임말입니다.

⊘ 이말올

이말올은 '이걸 말아 올린다'의 줄임말입니다.

⊘ 심상정

심상정은 '분위기가 심상치 않다'의 줄임말입니다.

⊘ 껄무새

'팔걸', '살걸' 하며 후회하는 투자자를 껄무새라고 부릅니다.

⊘ 폭무새

폭락을 바라는 투자자를 폭무새라고 부릅니다.

⊘ 입을 떡 벌리고 있다

주가가 더 떨어지길 바라는 마음에서 저점에서 매수 대기를 목표로 할 때 '입을 떡 벌리고 있다'라고 표현합니다. 흔히 종목 토론방이나 커뮤니티에서 주로 볼 수 있는 말로, 주식을 최대한 싸게 사려고 하는 마음과 떨어질 때마다 매수해서 성투를 하고자 하는 바람이 묻어 나오는 말입니다.

⊘ 망투

망투는 '망하는 투자'의 줄임말로, 실패할 수밖에 없는 투자를 지속할 때 쓰이는 말입니다. '고점 매수, 추격 매수'를 반복하거나 테마주에만 몰두하거나 빚투에 의존하는 등 파산을 부르는 투자를 멈춰야 익절이 늘어납니다.

✅ 영끌

영끌은 '영혼까지 끌어 모으다'의 줄임말입니다. 예수금을 최대한 끌어 모아 매수를 한다는 이야기입니다. 영끌은 투자 실패의 지름길이므로 결코 해선 안 됩니다.

✅ 바겐세일

상대적으로 주식의 가격이 저렴할 때를 바겐세일이라고 합니다. 악재나 하락장으로 인한 폭락이 있었을 때 주로 바겐세일이 나타납니다. 이때 중요한 점은 주가가 다시 회복되어 익절이 가능할 때 바겐세일에 해당한다는 것입니다. 주식의 가격이 싸거나 싸졌다고 해서 무작정 매수하는 것은 위험합니다. 앞으로의 주가 상승이 기대되고 싼값에 살 수 있는 절호의 기회가 맞는지 공부해야 합니다.

✅ 멱살을 잡다

주가 상승에 크게 기여하는 매매가 발견되었을 때 비유되어 쓰이는 말이 '멱살을 잡다'입니다. '멱살 잡고 끌어 올리고 있다', '멱살 잡고 올린다', '멱살을 잡으려고 준비하고 있다' 등으로 쓰입니다.

✅ 땅굴판다

바닥의 바닥으로 주가 하락이 심해질 때 바닥을 향해, 지하실을 향해 '땅굴

파고 있다'고 표현합니다. 저점이 깊어지거나 하락폭이 심해질 때 주로 볼 수 있는 표현입니다.

⊙ 버스가 떠났다

매수 기회 없이 주가가 상승할 때 '버스가 떠났다', '버스를 놓쳤다'고 말합니다.

⊙ 택시를 타다

주식의 시세가 이미 많이 상승한 상황에서 뒤늦게 매수했음에도 수익일 때 '택시를 탔다'라고 합니다.

⊙ 기도 매매

기도 매매는 주식을 매수하고 상승을 기원하는 경우입니다. 지식 없이 매수하고 상승을 기원하면 '배짱기도'라고 부릅니다.

⊙ 기절 매매

기절 매매는 주식을 매수하고 관리하지 않으려고 마음을 먹은 상태를 의미합니다. 비슷한 말로 수면제 매매와 치매 매매가 있습니다. 실제로 주가 변동성에 흔들리지 않기 위해 주식 프로그램을 제거하기도 합니다.

⊙ 찬티

찬티에는 2가지 의미가 있습니다. 찬티의 첫 번째 의미는 주가가 상승하기를 바라면서 찬양하는 투자자를 일컫습니다. 찬티의 두 번째 의미는 '찬양'

과 '안티'의 합성어이기도 한데, 과도한 찬양과 낙관적인 행동이 오히려 주가 하락에 영향을 주었을 때 찬양에 안티를 붙여 '찬티'라고 부릅니다.

✓ 안티

안티는 주가 하락을 바라고 비관적인 전망과 분석을 반복하는 투자자를 일컫습니다. 안티에 휘둘리지 않고 주식투자를 하는 것이 중요합니다.

✓ 진성투자자

주변 소음에 굴하지 않고 계획한대로 주식투자를 이어가는 사람입니다.

✓ 뇌절

뇌절의 본래 뜻은 똑같은 말과 행동을 반복해 상대를 질리게 만드는 것인데, 주식투자에서의 뇌절은 뇌동 매매를 반복하는 것을 의미합니다.

✓ 포트

포트는 '포트폴리오'의 줄임말입니다.

✓ 주시하다

적절한 매매 타점을 잡기 위해 관찰하는 경우에 '주시하다'라고 하며, 같은 말로 '째려보다'가 있습니다.

✓ 침팬지 매매

침팬지 매매는 주식전문가보다 비전문가들의 주식수익률이 높은 경우로, 분석하지 않고 매매했을 때 투자 성적이 더 좋을 때입니다. 또는 아무 생각 없이 매매하는 행동을 칭합니다.

⊘ 졸업

주식시장을 성공적인 투자로 떠나게 되었을 때 '졸업한다'라고 표현합니다.

⊘ 퇴학

주식시장을 손실로 인해 강제로 그만두었을 때 '퇴학당하다'라고 표현합니다.

⊘ 자선사업가

자선사업가란 매번 주식투자에 실패하는 투자자를 말합니다.

⊘ 감자탕

감자탕은 주식이 감자할 때 쓰이는 말입니다.

⊘ 이삭줍기

주식을 꾸준히 매수해서 모아가는 투자를 이삭줍기라고 합니다.

⊘ 출발

주식시장에서의 출발이란 주가의 변동이 크게 없던 주식이 상승하고 있거나 그런 가능성이 보일 때 쓰이는 말입니다. 같은 말로 '출발하다', '출발준비', '가자', '갈 때 됐다'가 있습니다.

❷ 초심자의 행운

주식투자에 처음 입문했을 때 수익이 생기면 이를 '초심자의 행운'이라고 합니다. 초심자일 때 아무것도 모르는 상태에서 주식투자를 시작하면 대부분 우량주를 매수하거나 잘 모르는 기업들을 매수할 때가 많은데, 마침 상승 중이던 시장에서 운 좋게 얻어낸 수익인 경우가 많습니다. 그때 수익을 실력으로 착각하거나 당연한 결과로 받아들여 이후 투자에서 큰 손실이 생길 때가 많습니다.

❷ 사이버머니

사이버머니는 투자 중인 돈을 의미합니다. 실제 돈처럼 느껴지지 않을 때 쓰이는 말입니다. 실제로 주식시장에는 '인출 가능한 현금으로 가지고 있어야 진짜 돈'이라는 오래된 말이 있습니다. 투자 중인 돈은 시장 변동성에 얼마든지 변하기 때문에 이체할 수 있는 상태여야 진짜 쓸 수 있는 돈이라는 의미입니다.

❷ 기다림의 미학

기다림의 미학은 처음에는 주가가 하락했으나 시간이 지나 주가가 회복되어 익절도 할 수 있는 논리에서 비롯되는 말입니다. 개미들의 주식수익률이 낮은 것은 보유 기한이 너무 짧거나 오래 가지고 있으면 안 되는 종목을 장기간 보유한 데 원인이 있습니다. 기다려도 되는 종목인지 아닌지 구분하는 것이 중요합니다. 그것을 공부하고 분석하는 것이 진짜 주식 분석입니다. 기업가치 분석이나 주식투자를 너무 어렵게 생각하지 말고 원론적으로 생각해보면 접근법이 편해질 수 있습니다.

◎ 인간지표

인간지표는 개인투자자들의 심리를 의미하며, 그들과 반대로 투자하면 수익을 낼 수 있다는 구조와 확률에서 나온 말입니다. 대다수의 개미들이 환호성을 지를 때 주가가 하락하거나 공포에 질려 있을 때 주가가 상승할 때가 많은데 이를 인간지표라고 부릅니다. 투자자들의 분위기와 시장의 결과가 정반대인 경우입니다.

◎ 맛집

맛집은 수익을 내기 쉬운 종목을 발견했을 때 비유하는 말입니다.

◎ 떡실신

떡실신은 주식투자를 장기간 했으나 끝내 손실로 마무리되어 그로기 상태가 되었을 때를 표현한 말입니다.

◎ 버핏영감

투자의 대가 워런 버핏이 '젊음을 살 수 있다면 전재산을 내놓을 수 있다'고 말한 데서 유래된 것으로, 주식투자에 실패했거나 깡통을 찬 투자자들이 스스로 위로하거나 그들을 위로할 때 쓰는 말입니다.

투자의 기본 정신이 되어주는 워런 버핏과 피터 린치, 차트의 대가 윌리엄 오닐, 박스 이론의 창시자 니콜라스 다비스 등 투자의 대가들이 입을 모아 강조하는 격언들이 있습니다. 주식투자의 지침이 될 수 있는 문장들로, 위인이 남긴 명언과도 같습니다. '가는 놈만 간다'는 문장을 시작으로 읽기만 해도 손실이 줄어들 것 같은 마법의 문장들을 만나보세요.

5

문장으로 된
주식의 격언

주식투자의 역사가
담겨 있는 문장들

STOCK INVESTMENT
IS INTERESTING!

주식에는 격언이라는 것이 존재합니다. 주식의 역사가 담겨 있는 문장형 어휘입니다. 이 격언들을 알고 있기만 해도 실수를 줄일 수 있고, 훌륭한 투자 습관을 길들이는 데 큰 도움이 됩니다. 실제로 실전투자 경험이 많은 투자자들도 주식의 격언을 읽으며 이에 맞는 투자를 하려 노력하기도 합니다.

특히 주식 초보자에 가까울수록 꼭 알고 있어야 하는 주옥같은 내용이 많습니다. 어떤 문장들이 있고 그것이 의도하는 뜻이 무엇인지 살펴보고, 어떻게 받아들여야 나에게 가장 적합할지 잘 생각해봅시다.

❂ 가는 놈만 간다

대부분의 종목이 떨어지지만 특정 기업의 주가는 멈추지 않고 우상향을 할 경우 표현하는 말입니다. 투자의 관심도 해당 종목에만 쏠리는데 보유하지 않은 투자자들이 피로도를 느끼면서 만들어진 말입니다.

❂ 가는 놈이 간다

주가의 우상향 흐름이 깨지지 않고 유지되고 있는 종목을 부르는 말입니다. 급등장이거나 유동성 장세일 때 주로 나타납니다. 이런 좋은 추세가 쭉 깨지지 않으면 최대한 반복 매매를 해서 수익을 극대화해야 합니다.

❂ 꿈이 있는 주식이 가장 크게 오른다

'반도체는 수출을 먹고 살고, 바이오는 꿈을 먹고 산다'고 합니다. 기대감이 있는 주식을 칭하는 말입니다. 미국의 테슬라 역시 꿈을 가지고 있는 대표 주식입니다. 반대로 꿈이 사라지게 되면 회귀하는 성향을 가지고 있으니 주의 매매가 필요합니다. 주식투자는 절대 쉽지 않지만 기본기를 충분히 다지고, 지조 있는 투자 신념을 만들고, 나만의 매매기법을 완성하면 그때부턴 공부와 판단의 차이로 손익이 달라집니다.

❂ 계란을 한 바구니에 담지 마라

갑작스런 사고가 발생하면 바구니에 담긴 달걀이 모두 깨져 망신창이가 됩니다. 주식투자도 마찬가지입니다. '다양한 종목들을 분산 투자하고 분할 매매를 해서 위기관리를 하라'는 함축적인 의미가 이 말에 담겨 있습니다.

✪ 촛불은 꺼지기 전이 가장 밝다

'급락이 나오기 전에 급등이 먼저 나온다'는 주식투자의 원리에서 비롯된 말입니다. 촛불은 꺼지기 전에 가장 밝게 타오르고 이후 꺼져버리듯이 주가도 똑같습니다. 너무 과도하게 상승하고 있는 주식은 조심하는 게 좋은데, 이와 반대되는 말로 '가는 놈이 더 간다'는 말이 있습니다. 두 말이 뜻하는 바가 정반대라 자칫 헷갈릴 수도 있습니다. 결국 중요한 것은 촛불이 꺼질 종목인지, 아니면 더 갈 종목인지 구분하는 것이 중요합니다. 결국 그것이 분석 실력이 됩니다.

✪ 매수는 기술이고, 매도는 예술이다

'주식판에서 매수는 기술로, 매도는 예술로 하라'고 합니다. 사는 것보다 파는 것이 더 어렵다는 이야기입니다. 그렇기에 '매수는 천천히 하고, 매도는 빠르게 하라'는 말이 있기도 합니다. 여러분들도 매도가 어려울 텐데, 조금이라도 매도가 쉬워지려면 라운드 피겨와 지지선이나 저항선을 그려놓고 계획적인 매도를 기획해야 합니다.

✪ 매도하지 않으면 사이버머니에 불과하다

보유하고 있던 주식은 매도하고 출금 가능 금액이 되어야 진짜 돈이 됩니다. 그전에는 사이버머니와 똑같습니다. 계좌에 있는 한은 계속해서 변동이 생기기 때문입니다. 너무 욕심 부리지 말라는 의미에서 나오게 된 말입니다. 조금씩이라도 이익을 실현하는 습관을 만들어서 매도, 즉 익절의 기쁨을 누리라는 의미입니다.

◈ 주식투자는 유연하게 해야 한다

'센스 있는 투자가 돈을 번다'는 이야기가 있습니다. 주식투자는 변동성이 크고 때론 비상식적으로 움직이는 곳이기 때문에 유연하게 투자해야 합니다. 유연성 있는 투자를 해야 리스크 관리에 유리하고, 장기적인 투자에 도움이 됩니다. 옛 것에 눈과 귀가 가려져선 안 되며, 항상 눈과 귀를 열고 유연하게 투자하기 바랍니다.

◈ 환호에 팔고 공포에 사라

사려고 하는 사람들이 많아질수록 파는 사람도 늘어나기 마련입니다. 지속적으로 주식의 가격이 상승하고 있다는 의미가 될 수 있는데, 고점에 가까워지고 있을 가능성이 높습니다. 반대로 파는 사람이 많고 보수적인 자세가 이어지고 있을 때 저점에 가까워지고 있을 가능성이 높아 '환호에 팔고 공포에 사라'는 말이 탄생했습니다.

◈ 소문에 사서 뉴스에 팔아라

뉴스가 나오고 나면 이미 기대감이 꺼져 주가 하락만 남아 있는 경우가 있습니다. 주식투자는 기대감이 최고의 호재라고 불립니다. 좋은 소문에 주가 상승 가능성이 높아지다가, 소문의 근거인 뉴스가 나오고 나면 더 이상 기대감이 사라져 주가 하락 가능성이 높아질 수 있습니다. 하지만 모두 그런 것은 아니며 결국 소문이나 뉴스나 기대감이 중요합니다. 투자 유지를 해도 괜찮은지, 다른 투자자들이 여전히 매수 관심을 가질지, 반대로 매도세가 강해지진 않을지 구분하는 것이 중요합니다. 결국 주식투자는 나 혼자 만족해야 하는 것이 아니라 다른 투자자들도 좋게 생각해서 팔지 않아야 합니다. 기본적으로 주식은 많이 사면 오르고, 많이 팔면 내려갑니다. 이런 주식의 기본 원리를 잊어선 안 됩니다.

✔ 기업분석에 집착하지 마라

기업분석을 가장 잘하는 사람이 부자가 될까요? 사실은 그렇지 않습니다. 그만큼 주가의 움직임은 분석대로 쉽게 움직이지 않습니다. 기업분석은 누구나 할 수 있으며, 전문적으로 하는 사람들이 굉장히 많습니다. 즉 많은 투자자들이 기업분석 내용을 확인할 수 있고 할 수 있다는 이야기입니다. 이것을 반대로 노려 이익을 실현하려는 사람들이 생겨나기 마련입니다. 그러므로 기업분석에 너무 집착하지 말고 참고자료로만 활용해야 합니다.

✔ 주식과 사랑에 빠지지 말고 썸을 타라

사랑에 빠지면 단점도 장점으로 보이고, 나쁜 점이 보이지 않습니다. 하지만 썸을 타면 알아가는 과정이기 때문에 구분하기 쉽습니다. 주식투자도 마찬가지입니다. 사랑에 빠질수록 나쁜 것에 눈과 귀를 가리게 되고, 좋은 것만 보려 합니다. 적당하게 종목과 썸만 타면서 거리를 두는 것이 객관적인 주식투자에 도움을 줍니다.

✔ 날개 없는 추락만큼 위험한 건 없다

가는 놈이 가는 것과 반대로 주가의 우하향 흐름이 깨지지 않고 유지되는 종목을 부르는 말입니다. 하락이 멈추면 '낙하산을 펼쳤다'고 말하기도 합니다. 날개 없이 추락하는 것만큼 위험한 건 없습니다. 때론 과감하게 손절하는 것이 원금을 지키는 매매입니다.

✅ 익절은 언제나 옳다

주식 초보자들은 익절을 하고 매도한 종목이 추가 급등을 하면 추격해서 재매수를 할 때가 있습니다. 잘 보고 매수를 해야 하는데 무작정 매수해서 익절한 것보다 더 큰 손절을 경험하는 경우가 많습니다. 그런 분들은 꼭 기억해야 하는 말입니다. 익절은 거짓이 아니며, 언제나 옳은 행동입니다.

✅ 밸런스 매매를 하라

익절은 3% 이내로 빠르게 잘 하는데 손절은 −20%까지 가서야 뒤늦게 하는 사람들이 많습니다. 익절을 빠르게 하면, 손절도 빠르게 결단을 내려야 합니다. 목표 수익률을 정하는 것은 어려운 일이지만 익절을 하는 평균 범위를 초과하는 손절 습관을 고쳐야 합니다. 시간이 지날수록 적자가 늘어나기 때문입니다.

✅ 군중심리에 휘둘리지 마라

투자자들의 근거 없는 심리에 휘둘려 매매해선 안 됩니다. 인간지표라는 말이 있듯이 대부분의 개미들이 두려워할 땐 오히려 매수 타점인 경우가 많습니다. 하지만 이러한 투자 역시 군중심리에 휘둘리는 것으로, 그런 것에 기대지 말고 지조를 갖고서 투자에 임해야 합니다.

✅ 휴식도 투자이다

매매를 할 때 이상하게 잘 안 풀릴 때가 있습니다. 그땐 무리하게 매매를 이어가지 말고 잠깐 쉬는 것도 하나의 투자입니다. 힘들고 어려울 땐 휴식을 취하고 체력을 회복해서 좋은 에너지로 다시 투자에 임해야 합니다.

✅ 예수금도 하나의 종목이다

주식 초보자들은 예수금을 챙기지 않고 종목을 하나라도 더 매수해야 한다는 강박감을 가지고 있습니다. 하지만 이는 주식투자에서 절대로 가져선 안되며, 누구보다 빠르게 고쳐야 하는 습관 중의 하나입니다. '예수금도 하나의 종목'이라는 말이 있습니다. 기회비용을 만들어주고 무궁무진한 투자 기회를 만들어주기 때문입니다.

아무리 투자 욕심이 나더라도 참고 때를 기다리는 것이 좋습니다. 지나고 보면 항상 좋은 투자 기회는 찾아옵니다. 그때마다 예수금이 부족해서 기회를 놓치진 않던가요? 최소 일주일에 한 번은 주식투자를 돌이켜보고 내가 어떤 실수를 했고 무엇을 고쳐야 하는지 정리 노트를 작성하기 바랍니다.

✅ 무릎에서 사서 어깨에서 팔아라

저점에서 올라가고 있을 때 사고, 고점에서 내려왔을 때 팔아야 한다는 의미입니다. 무릎과 어깨의 기준은 투자자마다 모두 다릅니다. 저점과 고점을 맞추려 하지 말고 적당하게 매매해서 안전하게 이익을 실현하는 것을 목표로 해야 합니다.

✅ 꿩 대신 닭이라고 생각하지 마라

이 말은 차선책을 선택하지 말고 최선의 선택을 하라는 의미입니다. 2등주나 3등주에 연연하지 말고 1등주를 찾아 신념 있게 투자해 바람직한 수익을 챙겨야 합니다. 물론 선발 종목이 너무 과도하게 올라 진입하기 쉽지 않다면 차선책을 선택할 수 있지만, 그것은 정말 최후의 보루로 남겨야 한다는 이야기입니다.

✅ 매수하기로 했다면 호가에 연연하지 마라

원하는 호가를 기다리거나 매물이 많다고 고민하지 말고, 매수하기로 했다면 결단을 내려야 합니다. 기다리다 놓칠 수 있기 때문인데 장기적으로 가치가 있다고 느껴지면 단기적인 호가의 의미가 없기 때문입니다.

✅ 적극적인 사람에게서 참을성이 많은 사람에게 수익이 넘어간다

매매에 적극적인 사람은 거래를 반복합니다. 장기적으로 높은 수익률을 가져가는 투자자들은 잦은 주가 변동을 견딘 투자자입니다. 적극적인 사람들로 주가가 움직이고, 그렇게 모아진 수익은 결국 참을성이 많은 투자자에게 넘어가기 마련입니다. 기업의 가치를 제대로 분석했다면 기다릴 줄 알아야 한다는 이야기입니다.

✅ 기업분석에 있어서 나의 한계를 설계하라

모두가 최고의 기업분석을 할 수 없으며, 많은 기업들을 모두 분석할 수 없습니다. 하지만 내가 어디까지, 그리고 얼마나 기업분석을 할 수 있는지 그 한계를 설계할 줄 알아야 합니다. 나의 한계를 알고 있어야 무리하지 않는 선에서 기업분석을 하고 수익으로 발전시킬 수 있기 때문입니다.

✅ 조바심에게 먹히지 마라

주가가 조금이라도 흔들리면 조바심이 생기고 불안감에 먹히는 사람들이 많습니다. 시장에 의해 혹은 투자자들에 의해 주가는 언제든지 흔들릴 수 있습니다. 그럴 때마다 조바심에게 먹히면 좋은 수익을 얻어내기 어렵습니다. 조바심에게 먹히지 말고 계획적으로 투자해 기다림의 미학을 즐길 줄 알아야 합니다.

✔ 비관론은 주가를 싸게 만들어준다

비관론에 시장이 먹히면 주식을 사려는 매수자가 줄어들고 매도자가 많아집니다. 그렇게 되면 전체적으로 주가가 싸지게 되고, 이는 비관론이 사라질 때까지 반복됩니다. 파는 사람이 많아지는 공포 심리가 적용될 때 주가가 가장 저렴해집니다. 그때 사야 합니다.

✔ 낙관론은 주가를 비싸게 만들어준다

낙관론에 시장이 먹히면 주식을 팔려는 매도자가 줄어들고 매수자가 많아집니다. 자연스레 주가가 비싸지고 끝을 알 수 없게 됩니다. 낙관론이 사라지면 곧바로 떨어지거나 잠깐의 정체를 보이는데 이는 폭탄 돌리기가 될 수 있어 위험합니다. 비싼 주식은 비싼 이유가 있기 마련인데, 그 이유가 낙관론이 되면 근거가 빈약해집니다.

✔ 대중을 따라가지 말자

모두가 선호하는 주식은 그만큼 수익을 노리는 투자자가 많아지기 마련입니다. 사는 사람만큼 파는 사람도 늘어납니다. 그만큼 주가 변동성이 커지므로 대중을 따라하는 투자에는 위험성이 따릅니다.

✔ 단기적으로 나쁠 때를 견뎌낼 줄 알아야 한다

주식투자를 '기다림의 미학', '느림의 미학'이라고 합니다. 공포 심리를 견디는 투자자가 수익을 만들어냅니다. 잠깐의 불안감에 흔들려 부자연스러운 투자를 해선 안 된다는 의미입니다.

⊙ 눈앞의 기회를 놓치지 마라

기회라고 생각된다면 놓치지 않는 것이 중요합니다. 특히 주식투자의 세계에서는 눈앞의 기회를 놓치고 나면 잡을 수 없을 만큼 멀어지기 때문입니다. 하지만 그 기회가 정말 절호의 기회가 맞는지 분석하는 시간을 충분히 가지는 것도 중요합니다.

⊙ 질투는 계좌를 파멸로 만드는 감정이다

비교하면 끝도 없습니다. 크게 벌었다는 다른 사람의 수익에 배 아파하고 질투하면 그것이 곧 내 계좌를 파멸로 만드는 감정으로 진화합니다. 질투에 취하지 말고 내가 할 수 있는 최선의 투자를 이어가는 것이 중요합니다. 그렇게 하면 수익이 자연스레 뒤따라올 것입니다.

⊙ 주가의 상승과 나의 투자 실력이 꼭 비례하는 것은 아니다

주식 초보자들이 하는 가장 큰 착각 중의 하나가 내가 투자한 기업의 주가가 상승한 것이 곧 나의 실력이라고 생각하는 것입니다. 그러나 우연의 일치일 가능성도 존재합니다. 자신의 실력이 맞는지 충분히 검토하는 것이 중요하고, 수익과 실력이 꼭 비례하는 것이 아니라는 사실을 반드시 인지하고 있어야 합니다.

⊙ 확신을 가지고 투자하라

확신이 없는 투자는 바람에 흔들리기 마련입니다. 태풍이 오더라도 흔들리지 않을 수준의 확신이 필요합니다.

⊘ 절대적인 수익 보장 기업은 그 어디에도 없다

100% 확률로 수익을 주는 기업은 존재하지 않습니다. 실제로 실패한 적 없는 종목일지라도, 그것은 100%에 가까운 확률일 뿐이지 절대적으로 수익을 보장하는 기업이 아닙니다. 언제든 실패할 수 있다는 가능성을 가슴에 품고 투자해야 합니다. 나에게 100% 돈을 보장해주는 기업은 이 세상에 존재하지 않습니다.

⊘ 투자의 경험은 이론으로 배울 수 없다

실전투자의 중요성을 강조한 말입니다. 책으로만 익히고 지식을 공부한 사람은 실전투자자를 이길 수 없습니다. 이론에는 나와 있지 않은 변수들과 새롭게 생기는 상황들이 빈번히 발생하기 때문입니다.

⊘ 원금을 지키는 매매에 집중하라

우리는 수익에만 집중합니다. 돈을 버는 것도 중요하지만 주식투자는 투자금이 있어야 수익이 발생합니다. 즉 원금을 지키고 있어야 만족스러운 수익을 얻어낼 수 있는 것입니다. 기본적으로 원금을 지키는 매매에 집중해야 합니다. 약손절(적은 금액으로 손절)과 본절(본전에 매도)을 두려워하지 않는 투자자가 되어야 합니다.

⊘ 시장이 패닉일 땐 포트폴리오를 분석하라

패닉 상태에 빠진 시장은 정상적이지 않은 경우가 많습니다. 대응의 타이밍을 놓쳤다면 뇌동 매매를 하지 말고 나의 포트폴리오를 분석하는 시간을 가져야 합니다.

◉ 수익보다 위험에 집중해야 한다

위기관리가 되어 있지 않으면 벌어들인 수익까지 잃어버릴 수 있습니다. 수익성에 눈이 멀어선 안 되며, 수익을 지켜내고 위험으로부터 안전해질 수 있는 포지션에 집중해야 합니다.

◉ 빨리 벌 수 있는 돈은 빨리 잃을 수 있는 돈과 같다

단기간의 수익은 손실과 공존합니다. 즉 빨리 벌 수도 있지만 그만큼 빨리 잃을 수도 있다는 이야기입니다. 그런 위험성을 인지하고 투자해야 합니다. 빨리 벌 수 있다는 생각 하나만 가지고 투자하게 되면 결국 돌이킬 수 없는 실수를 남길 수 있습니다.

◉ 성공과 실패는 공존한다

성공과 실패는 사소함에서 비롯됩니다. 조금만 다른 방향이 되면 결과가 달라집니다. 성투(성공투자)를 하고 있더라도 방심하지 말고 실패가 항상 공존하고 있다고 생각해야 합니다. 손실은 방심하고 있을 때 반드시 찾아오기 때문입니다.

◉ 바람직한 신념을 가지고 투자하라

투자자는 항상 올바른 가치를 발전시켜야 합니다. '잘못된 신념을 가지고 있는 것은 아닌가' 고민해야 하고, 바람직한 신념을 가진 채 투자해야 합니다. 손실이 많은 데는 반드시 이유가 존재하고, 투자의 실패가 반복되는 데는 반드시 근거가 존재합니다.

⊙ 우량주가 무조건 안전하다는 생각을 버려라

우량주라고 해서 무조건 우상향을 하지는 않습니다. 수 년간 지속적으로 하락하는 경우도 있습니다. 우량주는 무조건 안전한 것이 아니라 단지 기업이 튼튼할 뿐입니다. 하지만 이것은 파괴되지 않을 만큼 튼튼하다는 의미가 아닙니다. 즉 얼마든지 파괴될 수 있습니다. 안전한 투자를 하겠다고 우량주 투자를 고집하는 것은 모순이라는 이야기입니다. 안전하다는 개념은 시기에 있습니다. 시기에 집중하기 바랍니다.

⊙ 주가에는 논리적인 근거가 있다

주식의 가격과 시가총액에는 논리적인 근거가 들어가 있습니다. 우리는 그 이유를 밝혀야 하며, 기업분석이 바로 그 과정입니다. 주가가 왜 이렇게 되어 있는지 이유를 알아보기 바랍니다.

복습 문제
020

분할 매매와 분산 투자를 꼭 해야 하는 이유를 〈주식투자의 역사가 담겨 있는 말들〉 속에 나온 말을 응용해서 최소 3가지 이상 서술하세요.

지금까지는 전반적으로 알고 있으면 좋은 어휘들을 모두 만나봤습니다.
이제 6장에서는 그중에서도 특히 우선적으로 알고 있어야 하는 어휘들
을 따로 정리했습니다. 단순하게 단어와 뜻만 적고 끝나는 것이 아니라
실전투자에서 겪을 수 있는 상황이나 키워드를 정해 필요한 지식을
정리했습니다.

실전에서 자주 쓰이는
주식어휘 BEST!

필수적으로
알고 있어야 하는 어휘들

STOCK INVESTMENT
IS INTERESTING!

그동안 소개해드리고 알려드린 어휘들에서 필수적으로 알고 있어야 하는 부분들만 간추렸습니다. 부연 설명을 추가해 이해에 도움을 드리고, 어떤 상황일 때 주로 쓰이며, 그 어휘에서 배울 수 있는 주식투자의 TIP과 정신들은 무엇인지까지 정리를 해보았습니다. 말속에 역사가 담기듯이 주식의 어휘와 은어들 역시 주식의 역사가 담겨 있습니다. 술술 읽을 수 있게 서술했으니 재미있게 읽기 바랍니다.

공부 노트를 만들어 정리하고 싶은 어휘들을 작성하고, 본 챕터처럼 설명을 추가적으로 넣어보기 바랍니다. 자연스럽게 공부가 되고 기억에 잘 남기 때문에 단어를 그냥 읽을 때보다 효과가 훨씬 더 뛰어날 것입니다.

◉ 주식투자의 발걸음

주린이라는 단어를 모두 들어보셨을 것입니다. 주식을 이제 막 시작한 의미로 쓰이고 어린이라는 단어가 합성된 용어인데, 배움이 필요한 투자자들 모두 주린이라고 생각하면 되겠습니다.

사실 주린이라고 하면서 투자에 실수하거나 실패한 사례를 보면 '나는 주린이라서 그렇다', '주린이의 한계이다' 등 이렇게 쓰이는데 이는 잘못된 것입니다. 이미 여러분들이 투자를 시작한 시점에선 돈이 움직이는 냉정한 시장 속으로 들어온 겁니다. 그러므로 주린이라고 하면서 자기 합리화를 하거나 잘못된 투자를 위로하는 것은 피해야 하며, 공부가 필요하고 배움을 즐기는 신생 투자자라는 의미로 쓰였으면 좋겠습니다.

주식 거래를 시작하고 매수 주문을 하면 본격적으로 주식을 보유하게 됩니다. 주식은 시세 변동이 발생하는데 매수하는 사람이 많고 매도하는 사람이 적으면 시세가 상승합니다. 사는 사람이 파는 사람보다 많으면 주가가 오르는 개념입니다. 그때 주가가 내려갈 때 '~흐른다', '땅굴 판다', '떡락한다', '이탈하고 있다' 등 다양한 표현을 사용합니다. 증시가 나빠 지수가 하락할 때도 동일합니다.

◉ 대응이 필요한 순간

주식들의 시세가 지속적으로 빠지면 시장이 나쁘다고 말하며 '하락장', '폭락장', '급락장'이란 말이 쓰이는데 이땐 보유하고 있는 종목들을 검토하고 신규 매수에 주의하는 것이 좋습니다. 사실 주식투자에서 매매 자체보단 대응을 하지 않아 손실이 커지고 실수가 반복될 때가 가장 많습니다. 주린이에서 탈출하고 안 하고의 차이가 '대응'에 있을 정도입니다.

전체적으로 시세가 빠지기 시작하면 기존에 보유하고 있던 투자자들이 현금화를 하기 위해 매도 포지션을 취합니다. 그것이 연속되면 사는 사람보다 파는 사람이 더 많아지게 되는 것이고, 공포에 손절매까지 발생하면 본격적인 하락장이 시작되는 구조입니다. 증시 자체에 나쁜 영향을 주는 악재들이 발생했을 때 자주 접할 수 있습니다.

이렇게 시장에 위기가 찾아왔을 때 극복 방법이 중요합니다. 하락이 앞으로 더 진행될 것 같다면 손실이 얼마 되지 않는 종목들을 칼손절하거나 보유하고 있는 종목들의 대부분을 분할 손절을 통해 지금 당장 손실이 발생하더라도 현금을 준비하는 것이 좋습니다. 많은 사람들이 권장하는 예수금은 20~30% 수준이며, 하락폭이 클수록 10%씩 증가됩니다. 폭락장에선 50%까지 예수금을 갖추기도 합니다.

반대로 잠깐의 하락으로 태풍이란 판단이 들면 보유량의 3분의 1만 매도해서 현금을 챙기거나 아니면 손절하지 않고 홀딩하는 것도 좋은 대응입니다. 이때 생각해야 하는 부분은 '대응을 해서 손실이 발생해 주식시장을 떠날 때가 많으냐, 대응 없이 계속 가지고 있다가 손실이 커지느냐' 그 차이가 생깁니다. 물론 증시 상황과 어떤 종목을 가지고 있나에 따라 차이가 생기겠지만 통상적으로 대응을 하지 않았을 때 손해가 더 커질 때가 많습니다. 경험을 돌이켜보면 이해가 빠를 것입니다.

지금 당장 생기는 손실에 멘탈이 흔들려선 안 되며, 주식수익률은 일 년을 기준으로 계산하고 대응해서 만든 기회를 잘 활용해 손실들을 메꾸고 순수익까지 만들어낼 수 있어야 합니다. 아무 계획 없이 홀딩만 하는 것은 좋은 투자 자세가 아닙니다. 버틸 수 있는 종목, 버티면 안 되는 종목을 구분하는 것이 필요합니다.

대부분의 주식들의 시세가 오르면 상승장으로 보며, 전망이 좋고 추세가 괜찮은 기업은 오래 보유하고 있는 것이 좋습니다. 이때 수익률을 안정적으로 잡으려면 차트를 월봉으로 봐서 지지선과 저항대를 그어두고 라운드피겨 대응을 하면 나름 만족스러운 수익을 노려볼 수 있습니다. 보통 장이 좋고 상승세가 이어지고 있으면 음봉이나 장대 음봉이 나올 때까지 가져가기도 합니다. 봉 차트에서 장대 양봉은 사는 사람이 훨씬 많았을 때 생기고, 장대 음봉은 파는 사람이 훨씬 많았을 때 생기기 때문에 차트의 기본 구조만 알고 있어도 매도 타점을 잡기가 수월합니다. 이러한 기본기와 지식을 응용하고 기법을 활용하면 자연스레 기술적 투자를 하게 되는 것입니다.

◎ 주가의 급등 순간

종목마다 VI 발동 단가가 있습니다. 변동성 완화장치로 상방 VI, 하방 VI가 존재합니다. 발동 단가에 도달하면 2분간 단일가 매매로 전환되고 잠시 실시간 거래가 멈추는데, 이때 동시호가의 상태와 거래량을 보고 포지션을 미리 생각해볼 수 있습니다. 상방 VI가 되면 동시호가가 투자자들이 걸고 있는 주문에 따라 변하는데, 예를 들어 VI 발동 단가가 3,180원이라 가정하고 3,180원보다 비싼 값으로 되어 있다면 추가 상승 가능성이 높아집니다. 반대로 3,180원보다 낮은 값으로 되어 있다면 VI 발동 종료 이후 하락할 가능성이 높습니다. 확률이므로 향후 투자 계획을 세울 때 참고만 하기 바랍니다.

이제 거래량을 봐야 하는데 차트를 일분봉으로 보고 VI 발동 이전보다 일분봉 거래량이 많으려고 하고 주가가 오르고 있으면 크게 상승할 수 있는 가능성이 높습니다. 반대로 일분봉 거래량이 줄어들면 시세가 이미 올라 있는 상태이기 때문에 매도자가 더 많아져 주가가 하락할 가능성이 높아집니다. 여러분들이 생각할 점은 주가가 이미 올라 있을 때 거래량이 줄어들면 매수자보다 매도자가 더 많아질 가능성이 높다는 것입니다. 이런 부분을 인지하고 있으면 더 오를 줄 알고 안 팔았다가 손해 보는 일이 줄어듭니다. 주가가 크게 오르고 있을 땐 거래량이 많아지는 경우가 많다는 사실도 꼭 기억해두어야 할 것입니다.

하방 VI 발동 시엔 동시호가가 월등히 높지 않은 이상 천천히 관찰하는 것이 안전합니다. 대량 매도 심리를 극복할 수준의 매수세가 나와야 하기 때문입니다. 가능하면 주식 초보자 분들은 하방 VI에선 매수하지 말고 추세를 관찰하고 천천히 판단을 내리는 것이 안전합니다.

♥알고 있으면 유용한 정보

시총이 400억원 미만인 기업은 투자에 주의하고, 거래량이 너무 적은 종목 또한 조심해야 합니다. 종목마다 일일 거래량이 있고 평균 거래량을 계산해둬야 하는데, 하루 거래량이 너무 적은 종목은 이후에 팔고 싶어도 팔 수 없는 상황이 생길 수 있고 적은 거래이고 주가의 변동이 커 위험한 상황에 놓이기 쉽습니다.

소외주들을 매매할 땐 시가총액과 대주주 지분율을 봐야 합니다. 소외주뿐만 아니라 상대적으로 안정적인 기업의 기준이 입으로 전해 내려옵니다. 첫 번째로 대주주 지분율이 30% 이상이어야 합니다. 두 번째로 시가총액이 높아야 합니다. 세 번째로 시장에 인기 있는 섹터여야 합니다. 이유를 설명 드리면 단기 매매에 크게 흔들리지 않을 가능성 때문입니다. 시총이 높을수록 주가가 비싸 단타가 쉽지 않고, 대주주 지분율이 높을수록 주식수를 많이 가져갈 수 없어 작전을 하기 어렵기 때문입니다. 즉 개미들을 조종하기가 쉽지 않습니다. 마지막으로 시장에서 인기가 있어야 하는 이유는 물리게 되더라도 호재가 발생하면 탈출하기 쉽고 투자자가 몰리면 큰 수익을 낼 수 있기 때문입니다.

주식 초보자 분들은 대주주 지분율이 높고 시가총액이 크며 인기 있는 섹터의 종목부터 관찰하기 바랍니다. 추가로 신용거래도 4% 미만인 종목이어야 안전한데, 신용거래가 많을수록 반대 매매 가능성이 높아져서 자칫 폭락이 올 수 있기 때문입니다. 7% 이상부터 많으며, 9%대는 신용거래 상위 종목에 해당합니다.

⊘ 주식투자에서 참고하기 좋은 보조지표

차트에서 볼 수 있는 보조지표로 거래량과 거래대금, 매매동향, 이동평균선, 고객 예탁금 등이 있습니다. 그중에 기술적 지표로 만들어진 다양한 기법들이 존재하는데 2장에서 소개드린 내용을 각 시장 지표에 맞추어 정리를 해보겠습니다.

거래량을 참고해 OBV, PVT가 있고, 기간을 참고해 RSI, RMI, MFI, 이격도가 있고, 주가를 참고해 스토캐스틱(Stochastics), CCI, 볼린저밴드(Bollinger band)가 있고, 추세를 참고해 DMI, MACD, 엔벨로프(Envelope), 프라이스 오실레이터(Price Oscillator) 등이 있습니다. 이를 전부 사용하기보다 평소에 2~3가지만 압축해 쓰고, 추가 분석이 필요할 때만 참고지표로 활용하는 것이 좋습니다.

하지만 어디까지나 보조지표입니다. 시장 상황에 따라 적중률이 다르므로 어떤 때에 확률이 올라가고 그것이 승률로 직결되는지 분석해 사용하기 바랍니다. 때에 따라 바꿔 쓰는 것이 좋으며, 3개 이내 정도만 사용하는 것이 효율적입니다.

기술적 기법 외에 참고하기 좋은 시장 지표는 지수, 선물, 환율, 금리, 물가 지수, 필라델피아 반도체 지수, VIX(공포 지수), 실업급여 및 실업률 지표 등이 있습니다. 주식도 결국 경제에 의해 움직이므로 경제력에 적지 않은 영향을 끼치는 지표들은 가능한 참고하는 것이 좋습니다.

나만의 투자 지표들과 매매 패턴이 만들어지면 자연스레 투자 승률이 올라가게 됩니다. 그것을 유지하고 끝까지 바람직한 주식투자를 이어나가기 위해선 항상 원금을 지키는 안전 매매를 원칙으로 삼고 잊어선 안 되며, 멘탈 관리를 잘해야 합니다.

✅ 공시를 적극적으로 이용하기

주식투자를 할 때 공시는 적극적으로 활용해야 하는 정보 중의 하나입니다. 대표적으로 각 기업들의 배당금이나 실적 발표, 감사보고서는 반드시 체크해야 합니다.

배당을 정기적으로 주는 회사라면 재무가 튼튼할 가능성이 높고, 감사보고서 제출은 미제출 시 상장 폐지를 당할 수 있기 때문에 봐야 합니다. 재무제표는 재무 건전성을 보는 일이니 빼놓으면 안 되겠지요.

그밖에 유상증자나 무상증자 소식이 있었는지도 봐야 합니다. 무상증자는 단기 호재로 받아들여지며, 유상증자는 악재인데 제3자 배정은 호재가 될 수도 있습니다. 보통 무상증자와 유상증자 모두 중기적으론 악재로 볼 때가 많습니다. 과거에 내역이 있다면 얼마에 배정되고 있는지 확인해야 합니다. 배정된 평단에 큰 규모의 투자가 진행되므로 주가에 영향을 줍니다.

전환사채 역시 마찬가지로 전환사채 발행 시 금액과 발행가를 꼭 확인해야 합니다. 액수가 많을수록 악재이고, 발행가가 현재가보다 낮을수록 악재입니다. 그만큼 적은 가격대에 큰 투자가 들어올 수 있기 때문입니다. 반면에 발행가가 높거나 전환사채 금액이 적다면 주식에 별다른 영향을 주지 않을 수 있습니다.

이처럼 잘 가던 종목들도 갑작스런 공시에 주가의 방향이 완전히 달라질 수 있으므로 투자하고 싶은 기업이 있다면 최소 6개월~12개월까지의 공시 내역을 꼼꼼히 확인하면 좋습니다. 그밖에 블록딜, 유상감자와 무상감자, 액면분할과 액면병합 등 투자 분위기에 큰 영향을 줄 수 있는 공시가 나타나거나 발견되었을 경우 차트를 확인해 다른 투자자들의 반응을 살피고 자신의 포지션을 결정하기 바랍니다.

⊘ 수익을 부르는 센스 있는 투자

때론 비상식적이고 비정상적인 모습을 볼 수 있는 곳이 주식시장입니다. 이때 센스 있게 투자하는 사람이 오히려 수익률이 올라갑니다. 주식 초보자들의 착각 중 하나가 '매수하고 가만히 있으면 시간이 해결해줄 것'이라고 믿는 것입니다. 앞으로 시장의 방향이 어떻게 흘러가고 주가의 등락이 어떻게 될지 예측할 수 있지만, 100% 확률로 맞출 수는 없습니다.

투자를 장기간 유지하려면 원금을 지키는 방법을 잘 알고 있어야 합니다. 그렇기 때문에 무작정 사놓고 가만히 기다리는 것이 아니라 때에 맞는 센스 있는 행동을 해야 투자 승률이 올라갑니다.

대표적으로 분할 매매와 분산 투자가 있습니다. 한 종목을 매수할 때 한 번에 사는 것이 아니라 최소 2회 이상 분할로 매수하는 것입니다. 비율은 자유로우나 5대 5 혹은 3대 7이 보편적입니다. 추가 매수로 평단가를 낮추면 물타기라 부르고, 올라가면 불타기라고 부릅니다. 돌발 악재에 대비해 1차 매수를 하고, 확실할 때 추가 매수로 비중을 실어주는 것입니다. 초보일수록 꼭 지켜야 합니다. 1차 매수를 했는데 이후 주가가 크게 오르면 배 아프고 껄무새가 될 수 있지만, 매매 태도 자체가 이미 원금을 지키고 있는 것입니다. 주식시장에선 잃는 것보다 적게 버는 것이 훨씬 낫습니다.

다음으로 분산 투자입니다. 다양한 기업에 투자하라는 의미로 섹터를 다양하게 잡는 것입니다. 예를 들어 5종목에 투자한다고 할 때 반도체 5종목으로 구성하는 것이 아니라 한 섹터당 최대 2종목까지만 공략하는 것입니다. 즉 '반도체 1종목, 2차전지 2종목, 그린뉴딜 1종목, 자동차 1종목', 이러한 형태로 다양한 섹터를 투자하는 방법입니다. 주식시장은 특정 섹터가 장기간 조정을 받는 경우가 빈번한데, 이렇게 하면 주력으로 투자한 섹터가 조정을 받고 있더라도 분산 투자로 수익 실현을 노릴 수 있게 됩니다.

모든 투자자가 장기 투자를 하면 이야기가 다르겠지만 주기적으로 매수와 매도를 해야 주식에 재미를 느끼는 투자자들이 많고 그렇게 하고 싶어 하는 사람들이 많습니다. 어차피 그렇게 한다면 처음부터 분산 투자를 해서 위기 관리를 하는 것이 현명합니다.

좋은 종목인데 이상하게도 주가가 떨어질 때가 있습니다. 보통 그런 상황을 개미털기라고 말합니다. 이에 대한 분석 방법은 다양하게 있습니다. 이때 물타기로 비중을 더 추가할지 아니면 손절할지 결정해야 합니다. 혹시 개미털기가 아니라 설거지나 먹튀일 수도 있기 때문입니다. 모멘텀이 아직 남아있는지 확인하고 거래량과 차트의 상태를 분석해 포지션을 정비하는 것이 바람직합니다.

시장이 불안하거나 종목이 불안정할 때 약손실을 하는 것도 하나의 투자 전략입니다. -3% 이내의 손실을 약손실로 보고 있습니다. 반대로 +3% 이내의 수익을 약수익으로 봅니다. 현금도 하나의 종목으로 생각합니다. 주식들의 움직임이 나쁠 것 같다면 현금으로 만들어 보유하고 있는 것도 최고의 전략입니다.

한 종목을 매수했는데, 이후 주가가 올라 수익권이었으나 다시 내려와 평단가 근처에 왔다면 여러분들은 어떻게 할 건가요? 패턴을 정할 순 없겠지만 급등이 나오고 급락이 나온 것엔 이유가 있는 법입니다. 마찬가지로 불안하다면 그대로 가지고 있지 말고 본절을 해서 현금으로 가지고 있다가 좋은 타점 때 재투자를 하는 것도 꼭 필요한 투자 방식입니다.

주식을 할 때 재매수와 반복투자를 두려워하면 안 되겠습니다. 악성매물이 생기거나 라운드피겨에 도달하면 주가가 더 오르지 못 하고 하락할 때가 많은데, 계속 가만히 가지고 있다가 손실이 발생할 수 있고 멘탈에 금이 가서 어느새 뇌동 손절을 할 수 있기 때문입니다. 원금을 지킬 수 있고 안전한 투자를 자연스럽게 할 수 있게 만들어주는 바람직한 투자 태도를 기르는 것이 가장 중요합니다.

매수하고 싶은데 움직임을 확인하고 비중을 더하고 싶다면 정찰병을 보내는 것도 좋습니다. 우선 주가 움직임을 두 눈으로 확인하고 적절한 타점을 기록해두어 분할 매수를 시작하는 것입니다. 단점은 정찰병을 보낸 후 비중을 더하기 전에 급등이 나와 수익을 놓치게 될 수 있다는 것인데, 그럴 땐 종목 발굴을 잘했다는 부분에 의의를 두고 성공한 타점을 따로 정리해서 다음 성투의 밑거름으로 쌓아가기 바랍니다. 한두 달 주식 할 게 아니기 때문에 종목 일부에 멘탈이 흔들려선 안 됩니다.

단주 매매가 나오고 있거나 허매물이 쌓여 있다면 일단 의심하고 관찰하시기 바랍니다. 허매물이 뚫리면 뚫리는 방향대로 추가 등락이 생길 수 있고, 단주 매매가 나타나면 그때가 당일 고점이거나 급등 직전의 신호일 수 있습니다. 특정 종목이 대단히 수상하게 움직이면 일단 관찰을 해두는 편이 좋습니다. 보유중인 종목이라면 언제든지 비중 관리로 대비하고 다른 투자자들의 움직임을 확인하면 좋은데 차트나 거래량, 체결내역 등을 통해 어느 정도 심리를 파악할 수 있습니다.

이렇게 센스 있게 주식투자를 하는 사람이 돈을 벌 가능성이 높습니다. 또한 모든 투자 방식에 융통성 있게 응용해 성공률을 높여갈 수 있습니다.

○ 마음가짐에 달린 투자 기간

투자 성향이나 기법에 따라 명칭이 붙습니다. 크게 단타, 스캘핑, 종베, 스윙, 중장기, 저평가 등이 있습니다. 종베는 오후 3시 20분~3시 30분 동시호가 때 매수하거나 근처 때 매수하는 것으로, 당일이나 다음날 오전 시세 때 매도해 차익을 보는 방식입니다. 단타와 스캘핑은 매수 이후 단기간에 매도해 빠르게 차익을 봅니다.

이렇게 보유 기간에 따라서도 투자 기법이 분리되는데, 주식 초보자들이 가장 많이 물어보는 것이 보유 기간입니다. 흔히 '스윙이면 얼마나 가지고 있어야 하나요?', '중장기면 몇 개월을 기다려야 하나요?' 그렇게 물어보고 접근하는 경우가 많은데 보통 스윙은 3~6개월을 보고, 중장기는 1년 이내를 봅니다.

하지만 이렇게 기간을 두고 투자하는 것은 바람직한 자세가 아닙니다. 가장 중요한 것은 '얼마나 기다릴 생각이냐'에 달렸습니다. 즉 투자 기간은 내가 버틸 수 있는 보유 기간입니다. 종목과 성향에 따라 달라집니다. 오래 기다릴 수 없는 스타일이라면 비교적 짧은 시각에 매도하는 단타·스캘핑·종베가 어울리고, 기다림의 미학을 즐길 수 있다면 스윙·중장기·저평가 투자에 유리합니다.

결국 주식 보유 기간은 여러분들이 마음먹기에 달렸습니다. 그렇다면 특정 종목이 스윙 이상이 가능하다는 이야기는 기업 자체가 주가 파워가 좋거나 오래 가지고 있기에 전망이 밝다는 의미입니다. 그러므로 기간을 딱 정한 채 투자하지 말고, 내가 얼마나 보유할 수 있는지부터 정하고 기법을 완성해야 합니다.

이때 잘하는 투자와 재미있는 투자가 있는데, 가능하면 승률이 높았던 투자 기법을 깊게 연구해 나의 것으로 만들고 그 방식을 성향으로 성장시키기 바랍니다. 단타가 당연히 더 재미있을 수 있는데 승률이 낮다면 과감하게 버려야 한다는 이야기입니다. 반면에 스캘핑이 재미가 없지만 승률이 높고 스윙이 재미있지만 승률이 낮다면 과감하게 스캘핑을 공부해서 발전시켜야 합니다. 주식투자는 재미도 좋지만 돈이 걸려 있으므로 승률을 높여야 합니다.

◎ 주식투자는 타이밍

아무리 좋은 기업이어도 고점에 투자하면 잡주 취급을 받습니다. 그만큼 적절한 타점 때 잡는 것이 중요합니다. 확인할 수 있는 방법은 다양한데, 대표적인 것이 천장에 있는지 보는 것입니다. 차트를 월봉으로 설정하고 역사적 고점에 있을 때는 투자에 주의해야 합니다.

두 번째로 봉차트에서 많은 거래량의 음봉이 최근에 있었고, 많은지 개수를 보면 좋습니다. 그만큼 차익 실현이 나왔다는 신호이기 때문입니다. 기본적으로 거래량이 많고 양봉을 유지하면 매도하지 않고 기다리는 투자자들이 많다는 신호이고, 음봉이 나타나면 차익 실현이 나오고 있다는 신호로 해석할 수 있습니다.

세 번째로 저점을 확인하는 것입니다. 박스권의 지지선과 저항선을 분석하고 1차 바닥선을 그려둡니다. 이후에 바닥까지 내려오면 관찰 우선 순위로 두고 반등이 나오면 바로 매수하지 말고 쌍바닥, 다중바닥이 나오는지 지지선을 눌러주는지 확인하고 매수하는 것이 안전합니다. 진짜 반등이 아니라 기술적 반등일 수 있기 때문입니다. 또한 주가 반등도 속도가 중요한데, 바닥 근처여도 횡보 기간이 길어지면 기회비용에서 손해를 보기 때문에 섣부르게 투자하지 말고 충분히 바닥을 다졌는지 분석하고 들어가야 좋습니다.

네 번째로 더 이상 시세가 상승하기 어렵거나 유지하기 부담이 되는 시기일 때 투자에 주의해야 합니다. 보통 재료소멸이거나 지지선을 크게 이탈했을 때 해당됩니다. 재료소멸이 아닌데 적은 거래량으로 박스권 안에서 등락이 이루어지면 물량 소화중이거나 개미털기일 가능성이 있으니 관찰 대상입니다.

확실하지 않을 땐 매수하지 말고 움직임을 지켜만 보는 것도 충분히 좋은 공부가 됩니다. 주가는 순환매로 움직이기 때문에 당장 매수하지 않더라도 얼마든지 기회가 오기 때문입니다. 재료가 살아 있으면 언제든 탈출할 가능성이 생기므로 무리하게 고점 매수하지 말고 리스크 체크를 충분히 해야 합니다. 이렇게 반복 강조하는 이유는 대부분의 주식 초보자 분들이 비싸게 사서 싸게 파는 실수를 반복하기 때문입니다.

상황에 따라 잡주가 대박주가 되고, 우량주가 잡주가 되기도 합니다. 주식투자는 타이밍입니다. 내가 지금 잡주를 매수하는 것은 아닌지 구분하기 바랍니다.

주식투자가 미숙하다면 시장이 좋을 때만 매수하는 습관을 만들어두면 좋습니다. 시장이 하락중이고 상태가 나쁠 때 수익을 내는 것은 테크닉이 필요하기 때문입니다. 지수의 움직임을 보는 것도 좋지만 매매동향에서 누구 때문에 상승하고 하락하는지 확인하고, 하방일 땐 현금을 많이 보유하고, 상방일 때 매매해 수익을 노리는 것이 좋습니다. 하방일 때 섣불리 매수했다가 시장이 추가로 하락해 손실이 커지면 난감해지기 때문입니다.

시황은 가능하면 신뢰 있는 곳에서 매일 읽는 게 좋고, 장이 혼란스럽거나 버블·과열 이야기가 나오면 주의하는 것이 안전하겠습니다. 테크닉도 중요하지만 눈치 보며 투자 포지션을 정비하는 것도 매우 중요합니다.

주식투자에서는 실수를 줄이는 것이 가장 중요합니다. '매수는 기술이고 매도는 예술'이란 말이 있습니다. 기술이 발전하기 위해선 시행착오라는 것이 필요하고, 예술이 발전하려면 나의 정의가 완성되어야 합니다. 좋은 매매를 이어가기 위해선 꾸준한 성장이 뒤따라야 하는데, 그것의 출발은 나만의 주식어휘사전을 만드는 데 있습니다.

7

나만의 특별한
주식어휘사전 만들기

황족만의
주식어휘사전

STOCK INVESTMENT
IS INTERESTING!

　여러분들이 새로운 단어를 만드는 것도 좋은 일입니다. 사전처럼 딱딱하게 생각하지 말고 편하게 사용할 수 있는 말로 생각하면 좋습니다. 나만의 어휘사전을 만들면 주식투자를 어렵지 않게 생각하고 신중하게 투자하는 데 큰 도움을 줄 것이라 생각합니다.

　가장 문제가 되는 것이 아무 계획 없이 투자를 하거나 불안정하게 투자하는 것입니다. 주식이 처음이고 돈이 움직여 두려울 수 있지만 개념을 확실하게 잡고 직접 컨트롤을 할 수 있는 수준까지 올라가야 높은 수익이 나오기 쉽습니다. 나만의 어휘사전을 만드는 것은 주식투자의 긴장감을 풀어주고, 바람직한 투자 자세를 갖추는 데 긍정적인 첫걸음이 되어줄 것입니다.

⊘ 고추금지

고추금지란 말은 '고점매수와 추격매수 금지'의 합성어입니다. 유튜브 방송 중에 '고점매수와 추격매수 금지'라는 말을 굉장히 많이 하는데, 시청자분들이 그것을 줄여 고추금지라고 부르는 데서 유래되었습니다.

⊘ 황투

황투는 '황제처럼 성공적인 투자를 하자'는 의미로, 본래 황제들은 가능한 부귀영화를 누리는 것으로 알려져 있듯이 주식에서 부귀영화를 누릴 정도의 성공적인 투자를 하자는 의지를 보여줍니다.

⊘ 고지전

고지전은 차트에서 고점인 상태에서 도지가 반복적으로 나오거나 시세를 지켜주는 경우입니다.

⊘ 막사

막사는 매도를 자제하고 지속적으로 매수해서 적립식 투자를 하는 경우입니다. '막사는 것'의 줄임말입니다.

⊘ 벼락

벼락은 익절이 가능했지만 갑작스런 매도세로 긴 윗꼬리가 되어 손절을 하게 된 상황을 의미합니다. 맑은 날 날벼락을 맞는 느낌으로, 흔히 일어나는 상황은 아니지만 경험하게 되면 치명적인 결과가 되는 경우입니다.

제가 먼저 5가지의 새로운 어휘를 만들어 사전에 넣었습니다. 여러분들도 저처럼 기존에 있는 용어들과 신규 어휘를 만들어 정리해 나만의 주식어휘사전을 완성시키기 바랍니다. 이렇게 어휘를 만들기만 해도 주식의 개념을 이해하기 쉽고, 중요한 부분들을 복습할 수도 있습니다.

　지금까지 읽어주신 여러분들 모두 고맙습니다. 이 책이 주식투자에 도움이 된다면 정말 행복할 것 같습니다. 주식 초보자들도 웃으면서 주식투자를 할 수 있는 날이 오길 진심으로 기원합니다.

복습 문제의
해답 및 해설

복습 문제 001 · 042 페이지

해답 ◉

해설 주가에 의해 시가총액이 결정됩니다.

복습 문제 002 · 051 페이지

해답 한화에어로스페이스 시가총액은 다음과 같이 구합니다.

48,950원(종가) x 50,630,000(유통 주식수) = 2,478,338,500,000(시가총액) = 2조 4,783억원

복습 문제 003 · 059 페이지

해답 장전 시간외종가, 장후 시간외종가, 시간외단일가

복습 문제 004 · 061 페이지

해답 예시 삼성전자는 반도체 섹터로 묶이고 이에 영향을 줄 수 있는 업종은 크게 메모리 반도체, 비메모리 반도체, 스마트폰 산업, 생활가전, 모바일AP, OLED 디스플레이 패널 등이 있습니다. 주가에 긍정적인 영향을 줄 수 있는 수혜 뉴스라면 반도체 매출 상승이나 스마트폰 점유율 확대, 생활가전 실적 상승 등인데 기업 가치에 직접적인 영향을 주거나 기대감을 심어줄 수 있는 내용이 나왔을 때 기대를 해볼 수 있겠습니다. 또한 삼성전자처럼 시가총액이 매우 큰 기업은 외인들의 투자에도 영향을 많이 받기 때문에 해외뉴스 또한 빼놓지 말고 참고해야 합니다.

해답 양봉 16개, 음봉 9개로 양봉이 연속적으로 더 많이 발생할 때 주가의 움직임이 좋다는 사실을 확인할 수 있습니다.

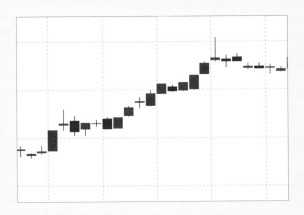

해답 일봉 상 장대 양봉을 시작으로 음봉 윗꼬리 캔들이 발생했고 잠깐 주가가 상승했다가 하락하고 이후 음봉의 위아래꼬리 캔들이 나왔습니다. 음봉 아래꼬리 이후 양봉과 음봉 꼬리 캔들이 연속적으로 발생했고, 다음으로 주가가 상승했다가 음도지가 나왔습니다. 이후에 주가가 올라갔다가 내려오고 장대 음봉 아래꼬리가 나타나고, 다시 장대 양봉 위꼬리 캔들과 음봉 위꼬리 캔들 이후 주식의 가격이 다시 상승하기 시작했습니다.

해답 우량주(블루칩)는 삼성전자·LG화학·포스코이고, 동전주는 서울식품이고, 소형주는 엠게임입니다.

해답 상한가와 하한가를 계산할 수 없습니다.

해설 정리 매매가 시작된 종목은 상한선, 하한선이 존재하지 않습니다. 그렇기 때문에 다른 종목과 달리 상한가와 하한가가 없으며 800원이 3,000원이 될 수도 있고, 80원이 될 수도 있습니다. 누구나 거래할 수 있으며, 30분 단위의 단일가 매매로 진행됩니다. 정리 매매가 지나고 나면 상장폐지가 되기 때문에 접근에 주의해야 합니다.

해답 ✖

해설 무조건 하락한다고 볼 수 없습니다. 기관의 단기간 인버스 거래는 시장의 지수가 떨어질 것을 예측해 매수하는 것이 아닙니다. 보통 기관이 인버스를 매수하는 경우는 헤지(금전 손실을 막기 위한 대비책)의 개념으로 리스크 관리를 하기 위한 전략으로 해석합니다. 그렇기에 하루이틀 인버스를 매매하는 것을 놓고 크게 의미 있는 행동이라 보기는 어렵습니다. 단, 지속적으로 인버스를 사모으기 시작한다면 이는 기관이 지수 하락에 베팅하는 것으로 분석할 수 있으므로 증시 변동성이 커지거나 하락장이 올 가능성을 생각해볼 수 있습니다. 하지만 기관의 분석이 무조건 적중하진 않으므로 그들의 베팅 심리라고 생각하며 참고하는 것이 좋습니다(마찬가지로 레버리지의 경우에도 무조건 상승한다고 볼 수 없습니다).

복습 문제 **010** • 094 페이지

해답 예시 5:1로 액면분할을 했기 때문에 가격이 1/5이 되었고, 기업의 가치가 훼손되지 않은 상태에서 주식의 가격만 내려가 유통량이 많아집니다. 대신에 접근할 수 있는 가격의 허들이 낮아졌기 때문에 주가 변동성이 커질 수 있습니다.

복습 문제 **011** • 112 페이지

해답 아래선이 지지선, 윗선이 저항선이고, 지지선과 저항선 사이 밴드가 1차 박스권입니다.

복습 문제 **012** • 137 페이지

해답 나열할 수 없다.

해설 애써 고민해서 나열했는데, 정답이 '없다'여서 죄송합니다. 하지만 이는 계획된 문제입니다. 주식에는 정답이 없습니다. 정할 수 있다면 로봇에게 거래 패턴을 입력해서 수익률을 보장받을 수 있겠죠? A바이오의 경우 임상 성공이 끝이라면 재료소멸로 주가가 하락할 수도 있지만, 임상을 시작으로 높은 매출을 기대할 수 있고, 아직 끝이 아니라 재료가 남아 있다고 판단되면 주가가 유지될 수 있습니다. B반도체는 공급 계약 공시가 나오면 공시 내용에 따라 주가의 방향이 달라집니다. C엔터테인먼트 역시 컴백하는 뮤지션의 앨범 내용이나 판매량, 인지도에 따라 변수가 많을 것입니다. 뉴스와 재료소멸은 딱 잘라 정답으로 구분할 수 있는 것이 아니며,

기본적으로 생각해야 할 것은 '투자를 유지할 가치가 남아 있는가', '상승 전과 후를 비교했을 때 적절한 대우를 받고 있는가', '주가가 과하게 올라간 게 아닌가'를 두고 분석하는 것이 중요하겠습니다. 또한 주식은 아직 언론에 노출되지 않아 사람들에게 알려지지 않은 뉴스가 있을 수 있습니다. 그러므로 눈에 보이는 뉴스만 믿어선 안 되겠습니다.

복습 문제 013 • 145 페이지

해답 ◉

해설 세력이라고 하면 영화에서 볼 법한 주가 조작을 하는 작전 세력을 떠올릴 수 있습니다. 하지만 주식에서 표현하는 세력은 돈이 많은 슈퍼개미나 대주주들도 포함됩니다. 과거에는 작전 세력들을 칭하는 경우가 많았습니다만, 최근 들어선 주가 움직임에 영향을 끼칠 수 있거나 물량을 많이 가지고 있는 개인이나 집단을 의미하기도 합니다. 그래서 주식투자를 하다 보면 주가의 거센 움직임이 있을 때 '세력이 들어왔다'든가 '장난치고 있다'는 등의 표현을 쉽게 접할 수 있습니다.

복습 문제 014 • 150 페이지

해답 2021년 2월 7일에 매수하고 최대 2개월 보유 기한으로 20%의 기대수익을 계획했다면 완벽합니다.

〈결과차트: 2021년 2월 8일~2021년 4월 9일 일봉 차트〉

해답 1.

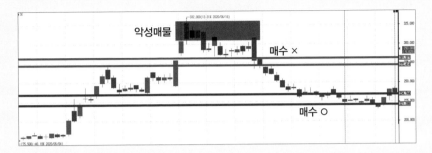

〈2020년 5월 6일~2020년 8월 6일 일봉 차트〉

해답 2.

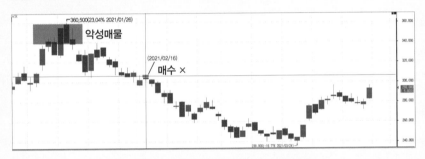

〈2021년 1월 13일~2021년 4월 9일 일봉 차트〉

해설 2. 악성매물은 매수세가 부족하고 매도세가 강했던 2021년 1월 26일부터 27일까지의

36만~33만원이고, 매수를 피해야 하는 지점은 2021년 2월 16일입니다. 양봉의 매수세가 더

이어져야 하는 상황에 음봉의 매도세가 커진 지점으로 추가 하락이 일어날 수 있어 더 관찰해야

하는 순간입니다. 똑같이 30만원 가격대이던 2021년 1월 18일에는 양봉의 매수세가 이어졌던

것을 참고지표로 활용할 수 있겠습니다.

해답

주식시장지표 : 국제 금 / 국제 곡물가 / 필라델피아 반도체 지수

투자판단지표 : 채권 금리 / 실업 수당 청구건수 / 경제성장률

해답 어닝서프라이즈는 B기업, 턴어라운드는 A기업입니다.

해설 어닝서프라이즈는 시장 예상치보다 높은 실적을 보여주었을 때 해당됩니다. B기업의 영업이익 시장 예상치는 30%였지만, 실제론 230%의 영업이익률을 달성했기에 어닝서프라이즈에 해당합니다. 턴어라운드는 적자를 보던 기업이 크게 흑자전환이 되었을 때 해당됩니다. 반토막이 났던 영업이익이 회복된다던가 적자기업이 흑자기업이 되는 경우입니다. A기업은 전년 적자기업이었지만 올해 영업이익이 13배 상승하는 기록을 세워 흑자전환을 했기에 턴어라운드에 해당합니다. 실적시즌 때 어닝서프라이즈와 턴어라운드를 노리고 투자하는 기법이 존재합니다.

해답 ✖

해설 네 마녀의 날은 하락장을 의미하는 날이 아닙니다. 네 마녀의 날은 '쿼드러플 위칭데이'라고도 하며, 주가지수의 선물, 옵션 만기일 2개와 개별주식의 선물, 옵션 만기일 2개가 합쳐진날을 의미합니다. 4가지의 파생상품 만기일이 겹치는 날이기에 주가 움직임을 예측하기 어려운시기입니다. 즉 주가 변동성이 크거나 예측하기 어려워 보수적으로 보는 경우가 많을 뿐이지 주가가 하락하기 쉬운 날이라고 설명하기는 어렵습니다.

해답

황족만의 저평가 우량주 조건식을 알려드리겠습니다.

① 시가총액 : 2,000억 이하 or 5,000억 이상

② PBR 1배 이하 (PBR이 낮을수록 순자산가치가 큽니다.)

③ PSR 1배 이하 (매출액 증가율을 계산하기 위함입니다. 성장성을 봅니다.)

④ PER 10배 이하 or 9배 이하 (주가가 1주당 수익의 몇 배가 되는가를 나타냅니다.)

⑤ ROE 3% 이상 (부채를 제외한 순자기자본 대비 수익 계산 지표입니다.)

⑥ 유보율 100% 이상 (안정적인 현금 회전을 보기 위함입니다.)

⑦ 부채비율 100 이하 (안정성을 보기 위함입니다.)

⑧ 영업이익 증가 10% 이상 or 20% 이상 (성장성을 보기 위함입니다.)

⑨ EV/EBITDA 10 이하 (기업의 순가치 계산 지표로 기업 인수 시 몇 년 만에 본전이 가능한가 를 계산하는 지표입니다.)

⑩ 배당 지급 유무 (배당금을 꾸준히 주는 가치주인지 보기 위함입니다.)

해설   각 수치는 자유롭게 수정하면 됩니다. 조건식에 정답은 없으며 100% 승률 또한 없습니다. 하지만 꾸준히 공부하고 분석하고 테스트를 통해 결과 데이터를 만들어 연구하면 만족스러운 투자 포지션을 완성시킬 수 있을 겁니다. 성투하시기 바랍니다.

해답

1. 계란을 한 바구니에 담으면 안 된다는 격언이 있듯이 계란(주식) 은 언제든지 깨질 수 있고 (주가 하락), 한 바구니에 있던 다른 계란도 깨지기 쉽기 때문에 계란을 보호하기 위해(원금 보호) 다양한 바구니에 담아야 합니다. (분산 투자)

2. 매도하지 않으면 사이버머니에 불과하므로 분할로라도 수익을 챙기는 습관을 들여놔야 수익은 수익대로 가질 수 있고, 혹시 모를 나쁜 상황에 대비하기도 쉽습니다. 익절은 언제나 옳다는 사실을 잊어선 안 되겠습니다. (분할 매도)

3. 한 번에 매수를 하게 되면 갑작스런 주가 하락에 대비할 수 없고 평단가 관리가 어려워집니다. 주식과 사랑에 빠지지 말고 썸을 타면서 눈치를 보는 것이 중요합니다. (분할 매수)

가나다순 찾아보기

황족의 2021년 하반기
투자전략 및 유망업종

**'황족의 2021년 하반기 투자전략 및
유망업종' 강의 영상(1시간 분량)**

안녕하세요. 많은 분들이 궁금해할 2021년 하반기 투자전략 및 유망업종에 대한 이야기를 하겠습니다. 하반기는 7월부터 12월까지를 의미합니다. 기본적으로 종목을 모아간다면 어떻게 매매하는 것이 좋고 무엇에 관심을 가지는 게 좋은지 말씀을 드리겠습니다. 그리고 하반기 시장의 방향이 어떻게 흘러가고 어떤 뉴스를 참고해야 좋을지 짚어보도록 하겠습니다.

먼저 2021년 하반기 주식시장 및 2022년 상반기 주식시장에 대한 이야기를 잠깐 해보겠습니다.

2020년 4월부터 역대급 유동성 장세가 시작되었습니다. 전 세계가 천문학적인 예산을 시장에 풀었고 증시로 이 자금이 어마어마하게 유입되면서 이례적인 대세 상승장이 진행되었습니다. 그 결과로 10년간 박스피였던 마의 코스피 2400p와 2700p를 돌파했고 2021년 6월 3일 기준 코스피가 최대 3278p까지 상승하는 기록을 보여주었습니다. 골드만삭스에선 한국 코스피 전망을 3700p까지 발표하기도 했습니다. 그만큼 주식시장의 대세 상승장이 지속되고 있다는 사실을 알 수 있습니다.

국제적으로 나오고 있는 뉴스가 있다면 테이퍼링과 금리 인상을 얘기할 수 있습니다. 이 이야기를 하기 위해선 2008년 금융위기 사태를 지나칠 수 없습니다. 미국 투자은행 리먼 브라더스가 2008년 9월 15일 뉴욕 남부 법원에서 파산보호를 신청하면서 역사적인 글로벌 금융위기가 찾아오게 됩니다. 당시 국내 코스피는 892p까지 하락했고, 이러한 금융위기를 방어하기 위해 국제적인 제로 금리 정책을 시행합니다. 이후 위기였던 증시가 점차 회복하면서 국내 지수도 대세 상승을 했고, 2011년에는 코스피 2100p를 회복하기도 했습니다. 즉 2008년 당시 펼쳤던 정책들이 코로나19 사태 이후 시행했던 경제위기 방어 정책과 흡사하다는 이야기입니다. 여러분들이 향후 시장 전망을 보고 이해하려면 2008년 금융위기 사태에 대한 지식이 어느 정도 있어야 도움이 됩니다.

그러고 나서 2013년부터 미국이 테이퍼링을 하기 시작했고 증시가 잠시 주춤하긴 했으나 테이퍼링이 끝나고 시장은 오히려 상승했던 것을 확인할 수 있습니다. 즉 테이퍼링 자체는 주식시장에 큰 위협이 되지 않는다는 이야기입니다. 여기서 테이퍼링이란 양적완화 정책의 규모를 점진적으로 축소해 나가는 것을 의미합니다. 양적완화 정책은 주식시장에선 유동성 장세를 의미합니다.

테이퍼링은 금리 인상의 전조가 되기도 합니다. 주식시장에 풀린 천문학적인 돈의 양이 유동성 장세를 만들어냈고, 테이퍼링을 통해 이러한 돈의 양이 축소되고 이후 금리 인상이 되면 대세 상승장 종료의 전조로 해석할 수 있다는 이야기입니다. 여기까지 보자면 테이퍼링 자체는 금리 인상의 전조로 볼 수 있고, 이는 대세 상승장의 끝을 볼 수도 있다는 의미입니다. 어디까지나 예상을 하고 주의를 해볼 수 있겠습니다. 그렇다면 2021년엔 언제 테이퍼링을 할까요?

연준은 2021년 6월 3일을 기준으로 회사채 매각을 시작했지만 테이퍼링이 아니라고 선을 그었습니다. 현재 조기 테이퍼링을 하면 7월에 시작할 것으로 전망이 나오고 있으며 점진적으로 하는 것이기 때문에 약 6개월 정도 테이퍼링이 진행될 것으로 전망할 수 있습니다. 그러면 2022년 상반기까지 테이퍼링이 진행되고 금리 인상은 2022년 상반기~하반기로 예상할 수 있습니다. 이때 유동성 장세 종료로 인해 돈이 빠지면서 상승했던 지수가 떨어질 수 있어 주의가 필요하겠습니다. 조기에 하지 않으면 금리 인상은 2023년 상반기를 예상할 수 있습니다.

그렇다면 왜 대세 상승장의 종료라는 전망이 나올까요? 지난 2008년 양적 완화 정책에 비해 유동성 장세가 더욱 컸고, 특히 국내 시장에서 상대적으로 대상승장이 나왔기 때문입니다. 그뿐만이 아니라 향후 미중 무역 전쟁이 한 차례 이상 추가로 일어날 가능성이 있어서 보수적으로 보는 것입니다. 지난 2018년부터 2019년까지 미중 무역 전쟁이 총 두 차례 벌어졌고, 당시 코스피가 2400p에서 2100p까지 하락했습니다. 1년이라는 시간 동안 하락장이었다는 이야기입니다.

테이퍼링 때 유동성 장세가 끝나간다는 것으로 판단하고, 금리 인상이 되는 시기가 대세 상승장 종료의 전조가 될 수 있다고 정리하면 되겠습니다.

시기가 국내 대주주 양도세 기준 개정도 겹치고, 미중 무역 전쟁이 벌어질 수도 있는 등 타이밍이 좋지 않을 수 있습니다. 그렇다고 무작정 겁을 먹고 대세 하락장(지수의 고점과 저점이 낮아지는 장기 하락장)이 올 것이라고 보고 주식을 그만두거나 하는 것은 바람직하지 않습니다. 어디까지나 경고로 해석하고 주의를 하는 수준으로 해석하는 것이 맞습니다. 불안하다 싶으면 예수금을 점차 늘려가면 되겠지요.

이 정도로 2021년 하반기 시장 분석을 마무리하고 이제 2021년 투자전략을 살펴보겠습니다.

결론부터 말씀드리자면 2021년 하반기는 적금을 든다는 생각으로 유망업종들을 모아가는 전략이 유리합니다. 단기적으로 수익을 낼 수 있는 테마주나 급등주는 테크닉이 중요하기 때문에 본 내용에선 언급하지 않겠습니다. 적금을 든다는 의미는 성실히 매매해야 한다는 이야기입니다. 그런데 예금이 아니라 적금이며, 적금은 위험할 때 돈을 이체할 수 있는 시스템이 존재합니다. 즉 매수와 매도를 분할로 꾸준히 하면서 평단가 관리를 해야 한다는 이야기입니다. 4회 분할로 매수하거나 10회에 걸쳐 매수하는 방식이 있습니다. 이때 지수가 내려가거나 불안정할 때 분할로 매도하고 이후 다시 모아가는 패턴을 반복하는 것이 바로 적금식 매매 기법입니다. 2021년 하반기 기대업종을 꾸준히 모아간다는 것은 적금식 매매 기법을 토대로 투자하자는 이야기입니다.

하반기 유망 업종은 대표적으로 반도체, 디스플레이, 철강, 금융, 저평가 가치주가 있습니다. 종목 옆 괄호는 2021년 6월 3일 기준 종가입니다. 이 책을 읽는 시기에 따라 종목마다 주가 차이가 있을 것 같아 포함했습니다.

어떤 업종을 봐야 하냐면, 기본적으로 실적이 꾸준히 좋아지고 영업이익이 점차 증가하는 기업이 좋겠습니다. 반도체는 품귀 현상으로 2021년 하반기로 갈수록 호실적을 기대할 수 있고, 대표적으로 삼성전자(82800)와 SK하이닉스(129000)가 해당됩니다. 후공정 업종인 테스나(46700), 영업이익이 상승할 것으로 기대할 수 있는 아이티엠반도체(45950) 등 기본적으로 우량하거나 실적이 꾸준히 좋아지는 업종들이 대체적으로 좋습니다. 디스플레이는 2분기, 3분기에 접어들수록 실적 상승이 기대됩니다. OLED 관련주를 볼 수 있는데 필옵틱스(11650), 덕산네오룩스(44700), LG디스플레이(23950) 등이 해당됩니다.

철강은 대표적으로 포스코(346500)가 있습니다. 포스코의 2021년 1분기 영업이익은 1조 5,520억원이었고, 2분기 역시 1조 5천억원 이상의 영업이익이 기대되고 있습니다. 철강 가격 인상이 현재진행형이고 이에 수혜를 받을 가능성이 높겠습니다. 금융은 금리 인상에 대비해서 성장 가능성이 높은 DB금융투자(7280)를 관심 가질 수 있겠고, 상대적으로 주가가 덜 올랐거나 조정을 받은 금융주, 실적과 영업이익이 튼튼한 금융주들을 볼 수 있습니다.

저평가 가치주는 동종 업계에 비해 주가가 상대적으로 저평가 된 실적주들이 모두 해당합니다. 2021년 하반기로 갈수록 그런 실적주들의 상승 랠리를 기대해볼 수 있겠습니다. 대표적으로 다우기술(27200)과 다우데이타(14650)를 볼 수 있는데, 부채가 많다는 단점이 있지만 현금 관리가 최악은 아니고 영업이익이 이례적으로 높다는 장점이 있어 관심을 가져볼 수 있습니다.

그밖에 LG전자(154500)나 카카오(126500)처럼 우량 기업이면서 꾸준히 성장할 것으로 전망되는 실적주 역시 전망이 밝습니다.

지금 언급해드리고 있는 종목은 어디까지나 황족이 보고 있는 관심 종목이고, 2021년 6월 3일을 기준으로 정리한 것이니 참고만 하기 바랍니다. 이 책을 읽는 시기에 따라 차이가 있겠습니다.

그밖에 소비주인 아모레퍼시픽(280000)과 CJ(114000), 백신 접종 수혜주인 파라다이스(19900)와 연우(30050), 도쿄 올림픽 수혜주인 5G 에이스테크(18450), 원격의료 관련주인 비트컴퓨터(10150) 등에서 주가 상승이 나올 수 있습니다.

2021년 하반기에는 기본적으로 실적이 좋고 영업이익 상승률이 꾸준히 올라가는 튼튼한 기업들의 주가 상승이 기대됩니다. 중소형주를 거래하더라도 재무제표를 꼭 보고 투자해야 유리합니다. 주가는 일반적으로 선반영이 기본입니다. 대체적으로 먼저 움직인다고 이해하면 좋습니다.

예를 들어 백신 접종이 지속되고 여행에 대한 기대감이 상승하자 2021년 1~6월까지 여행 관련주, 항공 관련주가 일제히 상승했습니다. 마스크를 벗어도 된다는 뉴스가 나오니까 실제로 당장 벗지 않아도 기대감에 화장품 관련주의 주가 상승이 있었습니다. 즉 이슈를 어떻게 해석하느냐에 따라 방향이 다른데, 일반적으로 선반영 기대감의 의미를 품고 있다는 것을 알 수 있습니다. 물론 후반영으로 움직이는 경우도 있어서 고정관념을 갖고 있으면 안 됩니다. 주식투자에서 꼭 피해야 하는 것이 고정관념입니다. 시장은 항상 유동적으로 움직이고 언제든지 변할 수 있습니다. 변화에 예민해야 할 필요까진 없지만, 그렇다고 너무 둔감해선 안 됩니다.

2021년 하반기 때 주식투자를 한다면 어떤 업종이 주가 하락을 안 하는지 관찰하는 것이 좋습니다. 시간이 지나고 다른 업종은 상승하는데 특정 업종이나 종목은 거래량이 꾸준하게 나오고 있음에도 불구하고 주가가 상승도 하락도 없는 상태가 지속된다면 관심 종목으로 선정해서 향후 성장 가능성과 영업이익이 꾸준히 증가하는 기업인지 확인하는 것이 좋습니다. 2021년은 어떤 종목을 투자해야 할까 고민하기보다 투자해야 하는 업종이 워낙 많아 고르는 것이 일이겠습니다. 지금 당장 움직임이 나쁘다고 실망할 필요는 없으며, 움직임이 있다면 어떤 상황에서 주가 상승의 움직임을 기대해볼 수 있을지 분석하고 방향을 예상해 대응책을 마련해야 합니다.

항상 투자할 때는 3가지 이상의 시나리오를 작성해야 한다고 저는 강조합니다. 첫 번째는 주가 상승, 두 번째는 주가 하락, 세 번째는 주가 횡보입니다. 보유 기한에 따라 내가 버틸 수 있는 정신력을 기준으로 근거를 만들고 최소 3가지 이상의 시나리오를 만들어 대응을 하고 투자 전략을 세워나가는 것이 정말 중요하겠습니다.

여기까지 2021년 하반기 투자전략과 유망 업종에 대해 이야기했습니다. 모아가는 적금식 매매 기법을 꼭 기억하기 바랍니다. 주식 초보자 분들이 가장 못 하는 것이 분할 매수, 분할 매도인데 반드시 익숙해져야 합니다. 한 번 사고 가만히 있는 것은 확신이 있어야 하는데 갑작스레 시장이 하락하거나 미중 무역 전쟁 같은 국제적인 뉴스로 대세 하락장이 나오게 되면 장기간 자금이 묶이게 되는 상황도 생길 수 있습니다.

2021년에는 그런 일이 잘 일어나지 않겠지만 해를 거듭할수록 비슷한 경험을 하게 될 수 있기 때문에 안전한 투자전략을 가지는 습관을 들여야 합니다. 아무 대책 없이 있는 것은 장기 투자를 하는 것이 아니라 그냥 방치를 하는 것에 가깝습니다. 현금 회전의 중요성과 분할 매수만 하는 것이 아니라 필요하면 분할 매도도 해야 한다는 것을 꼭 기억하기 바랍니다. 주식시장에선 기본만 지켜도 계좌를 지킬 수 있으며, 정석대로 하면 충분히 좋은 수익을 만들어낼 수 있습니다. 주식투자자로서의 출발은 복잡한 매매 기법을 배우거나 단타를 하는 것이 아니라 투자전략을 완성하는 데 있습니다.

주가가 일제히 하락하는 하락장, 대세 하락장 때 많은 사람들이 고통받고 주식시장에서 하차합니다. 사실상 강제 하차입니다. 지난 10년 동안 코스피를 보면 하락장과 대세 하락장이 빈번히 일어났다는 사실을 확인할 수 있습니다. 즉 주식투자를 통한 수익을 목표로 할 때 올라가는 상황에서의 기법과 전략도 중요하고 상승하는 주식을 고르는 능력도 중요하겠지만 이에 못지않게 단련해야 하는 것이 하락에 대한 대비입니다. 수익이 좋던 사람도 미끄러지고 무너지는 순간이 바로 주식들이 일제히 하락할 때입니다. 이 점을 여러분들이 꼭 기억 했으면 좋겠고 실전투자를 할 때 잊지 않았으면 좋겠습니다.

이 책을 읽으신 분들은 주식시장에서 고통을 겪지 않으면 하는 바람이 있습니다. 모두들 성투하셨으면 좋겠고 제가 조금이나마 도움이 된다면 정말 기쁠 것입니다. 처음에는 미숙하고 어렵지만, 계좌를 지키는 상태에서 투자를 지속하고 정석에 대해 이해를 하기 시작한다면 언제든지 성공적인 투자로 나아갈 수 있습니다. 미숙하고 어려울 때 투자에 실패하거나 큰 손실을 경험하며 미끄러지는 것입니다. 처음이 가장 중요합니다. 기초를 잘 다듬는 것이 주식 고수로 나아가는 첫 발걸음이 되겠습니다. 감사합니다!

황족

■ 독자 여러분의 소중한 원고를 기다립니다 ─────────────────

메이트북스는 독자 여러분의 소중한 원고를 기다리고 있습니다. 집필을 끝냈거나 집필중인 원고가 있으신 분은 khg0109@hanmail.net으로 원고의 간단한 기획의도와 개요, 연락처 등과 함께 보내주시면 최대한 빨리 검토한 후에 연락드리겠습니다. 머뭇거리지 마시고 언제라도 메이트북스의 문을 두드리시면 반갑게 맞이하겠습니다.

■ 메이트북스 SNS는 보물창고입니다 ─────────────────

메이트북스 유튜브 bit.ly/2qXrcUb

활발하게 업로드되는 저자의 인터뷰, 책 소개 동영상을 통해 책에서는 접할 수 없었던 입체적인 정보들을 경험하실 수 있습니다.

메이트북스 블로그 blog.naver.com/1n1media

1분 전문가 칼럼, 화제의 책, 화제의 동영상 등 독자 여러분을 위해 다양한 콘텐츠를 매일 올리고 있습니다.

메이트북스 네이버 포스트 post.naver.com/1n1media

도서 내용을 재구성해 만든 블로그형, 카드뉴스형 포스트를 통해 유익하고 통찰력 있는 정보들을 경험하실 수 있습니다.

STEP 1. 네이버 검색창 옆의 카메라 모양 아이콘을 누르세요.　　STEP 2. 스마트렌즈를 통해 각 QR코드를 스캔하시면 됩니다.
STEP 3. 팝업창을 누르시면 메이트북스의 SNS가 나옵니다.